Reinhardwald
Weser
Habichts-
wald
KASSEL
E63
en
aldeck
Kaufunger Wald
Meissner
Bad Wildungen
Knüllwald
Homberg
Schwelm
Knüllgebirge
Bad Hersfeld
E70
E4
Fulda
Fulda
VOGELSBERG
RHÖN

12 €

ALTE LIEBENSWERTE BÄUME IN HESSEN

Wir danken der Flughafen AG, Frankfurt/Main, und der Licher Privatbrauerei Ihring-Melchior KG für die freundliche Mitwirkung und finanzielle Unterstützung bei der Herstellung des Buches.

Verlag und Autor

PRO TERRA

IMPRESSUM

Verleger: KURT G. BLÜCHEL

Geschäftsführung: HELMUTH BELLERS
Projektleitung: JOSEF BAUER
Bildredaktion: KLAUS GRIEHL
Grafische Gestaltung: MICHAEL BAUER
Produktion: HERSTELLUNGSBÜRO K. EIKEL-MATRAY, MÜNCHEN
Lithographie: SCANER STUDIO GMBH, MÜNCHEN
Druck und Einband: MAINPRESSE RICHTERDRUCK, WÜRZBURG

PRINTED IN GERMANY
ISBN 3-924990-00-X

HANS JOACHIM FRÖHLICH

ALTE LIEBENSWERTE BÄUME IN HESSEN

MIT EINEM VORWORT VON MINISTERPRÄSIDENT HOLGER BÖRNER

PRO TERRA

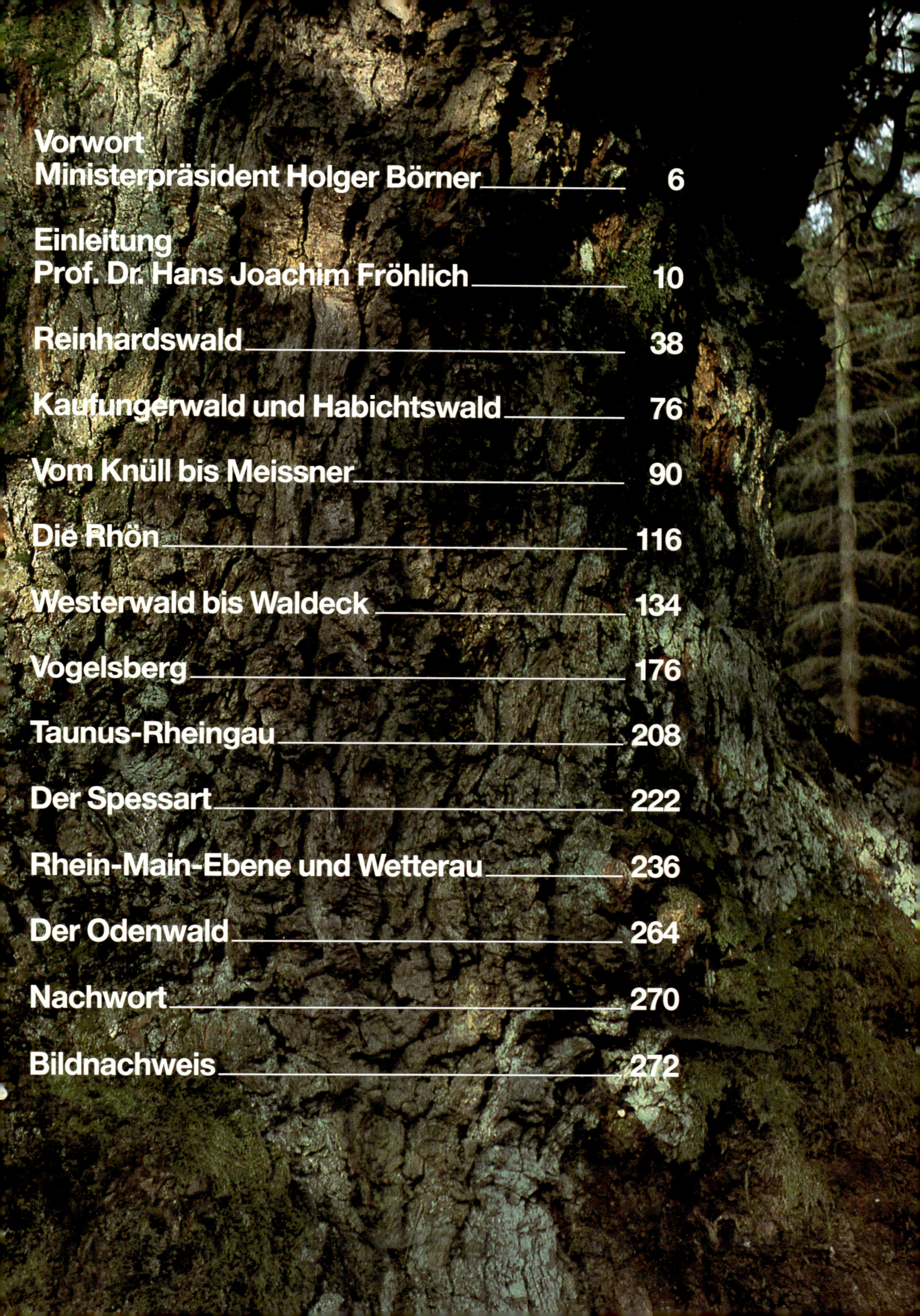

Hessen ist als ein Land der Mitte seit alters her ein Kreuzungspunkt von Handelswegen, von vielfältigen Kulturströmungen geprägt. Wenn man nach Hessen fragt, erhält man deshalb sehr unterschiedliche Antworten, darunter aber nur selten den Hinweis, daß dieses Bundesland, das etwa halb so groß ist wie Dänemark und ungefähr ebensoviele Einwohner wie dieses Land hat, das waldreichste Land der Bundesrepublik ist. In der Tat: 42 Prozent der Landesfläche sind Wald und davon etwa die Hälfte Laubwald; das ist der prozentual höchste Anteil in allen Ländern. Ich bin als hessischer Ministerpräsident auf diese Bilanz stolz, die wir vielen Generationen sorgfältiger Waldpflege verdanken.

Der hessische Wald lädt zum Verweilen ein. Als Bürger der Stadt Kassel nutze ich an seltenen Wochenenden gerne die Möglichkeit zur Wanderung im Kaufunger Wald und im Reinhardswald. Ausgedehnte Wälder, nur wenige Autominuten von der Großstadt entfernt. Und ich finde die Hutewälder im Reinhardswald und den Urwald mit seinen mehrhundertjährigen Eichen besonders eindrucksvoll.

Heute ist der deutsche Wald gefährdet. Und immer mehr Menschen erkennen den Schutz von Baum und Wald als vorrangige Aufgabe. Ich hoffe sehr, daß die Unterstützung einer breiten Öffentlichkeit mit dazu beiträgt, daß schnell wirksame Maßnahmen gegen das Waldsterben ergriffen werden. Als ich im Mai 1983 die Einführung bleifreien Benzins und die Senkung der Abgaswerte auf das Niveau der USA und Japans forderte, mußte ich nach ersten Stellungnahmen des Bundes und anderer Länder mit Ablehnung rechnen; mit der Unterstützung der öffentlichen Meinung erhielt der Antrag Hessens im Bundesrat im Juni 1983 eine Mehrheit. Ich hoffe auch bei den noch notwendigen vielen weiteren Schritten auf die Unterstützung einer wachen Öffentlichkeit.

Helfen Sie mit, daß die alten Bäume, daß die Wälder erhalten bleiben.

Holger Börner
Hessischer Ministerpräsident

Ludwigseiche bei Moerfelden

»Ein alter Baum ist ein Stückchen Leben. Er beruhigt. Er erinnert. Er setzt das sinnlos heraufgeschraubte Tempo herab, mit dem man unter großem Geklapper am Ort bleibt. Und diese alten Bäume sollen dahingehen, sie, die nicht von heute auf morgen nachwachsen? Die man nicht »nachliefern« kann?«

Kurt Tucholsky

Über Bäume und Wälder wurde viel geschrieben und gedichtet, noch häufiger wurden sie gemalt oder fotografiert. Gute Gedanken, tiefe Erlebnisse und manch frohes Lied verbinden sich mit dem Wesen des Baumes. Heute besinnen sich die Menschen mehr und mehr auf die Kraft des Natürlichen. Oft suchen sie einen Ausgleich zu der beängstigenden Übermacht der Technik, der gefühllosen Automatisation und der Hetze des Alltags. Gerade die Hektik bestimmt so viele unserer Handlungen, verdrängt die innere Ruhe, die man zu ausgewogenen Gedanken und zu schöpferischen Leistungen braucht, macht das Miteinander so schwer und läßt nicht mehr langfristige Ziele im persönlichen, aber auch im politischen Raum geduldig anstreben.

Prof. Dr.
Hans Joachim FRÖHLICH
Landesforstmeister

Immer bleibt ein Stück Sehnsucht nach neuen Ufern, aber auch – geistig und körperlich – nach Sicherheit des eigenen Standortes, der Kraft, Vertrauen, Wahrheit und Zuverlässigkeit schenken kann.

Der Mensch braucht Liebe wie Tier und Pflanze. Er muß sie spüren, in sich aufnehmen und auch weitergeben können. Dann findet er den Weg zur Freude und Zufriedenheit, wird gelassener, sicherer und klarer, vermag bewußter zu leben.

Was hat dies alles mit Bäumen zu tun? Können sie helfen, heilen und fröhlich machen?

Antworten wir mit Hermann Hesse, dem großen Natur- und Baumfreund:
Bäume sind Heiligtümer. Wer mit ihnen zu sprechen, wer ihnen zuzuhören weiß, der erfährt die Wahrheit. Sie predigen nicht Lehren und Rezepte, sie predigen, um das einzelne unbekümmert, das Urgesetz des Lebens.

Wir können auch mit Kästner empfinden:

Mit Bäumen kann man wie mit Brüdern reden und tauscht bei ihnen seine Seele um.

Wenn man sich viel mit Bäumen, vor allem mit alten, einsamen und starken beschäftigt hat und bemüht ist, ihr Wesen gleichsam als Seele zu erahnen, dann erkennt man, daß der Baum für die Menschheit das lebendige Ursymbol verkörpert:

Baum des Lebens
Baum der Erkenntnis
Baum und Frucht
Baum und Wurzel

Der Baum wird wie keine andere Pflanze zum Ausdruck für Empfindungen, nicht begrenzt wie Rosen oder Flieder, sondern weit hineinragend in eine verzweigte Gefühlswelt: Schönheit – Kraft – Würde – Stille – Einsamkeit – Geborgenheit – Freiheit – Wahrhaftigkeit.

Diese Empfindungen sind mit Wünschen gepaart, die Wurzeln mit Blättern und Erde mit Himmel verbinden lassen, wie es einst Wilhelm von Humboldt ausdrückte:

Überhaupt liegt in den Bäumen ein unglaublicher Charakter der Sehnsucht, wenn sie so fest und beschränkt im Boden stehen und sich mit den Wipfeln, so weit sie können, über die Grenzen der Wurzeln hinausbewegen. Ich kenne nichts in der Natur, was so gemacht wäre, Symbol der Sehnsucht zu sein.

Die Linde »Freigerichts-stuhl bei Kaichen«

„Bäume haben lange Gedanken, langatmige und ruhige, wie sie ein längeres Leben haben wie wir. Sie sind weiser als wir, solange wir nicht auf sie hören. Aber wenn wir gelernt haben, die Bäume anzuhören, dann gewinnt gerade die Kürze und Schnelligkeit und Kinderhast unserer Gedanken eine Freudigkeit ohnegleichen.“

Hermann Hesse

Heute, in unserer ruhelosen Zeit, kann der Baum für viele Menschen noch mehr zum Symbol werden:

Lebe bescheiden wie ein Baum
Stehe fest wie ein Baum
Wachse hoch wie ein Baum
Strebe beständig wie ein Baum
Sei kraftvoll wie ein Baum
Biete Schutz wie ein Baum
Spende Schatten wie ein Baum
Trage Früchte wie ein Baum
Sterbe aufrecht wie ein Baum.

Man kann dann mit Jörg Zink hoffen:

Was ich dir wünsche?
Nicht, daß du so groß wirst wie ein Baum,
so stark oder so reglos.
Aber daß du hin und wieder nach oben schaust,
wo die Kronen sind und der Himmel.

Daß du stehenbleibst
und nicht immer weiter rennst.
Daß du stehen lernst und wachsen
wie ein Baum.

Denn du bist nicht am Ziel.
Du hast die Kraft in dir,
die auch im Baum ist: die Kraft zu wachsen.

Du bist noch zu etwas berufen.
Bleib stehen. Schau nach oben
und fühle die Kraft aus Gott,
die wachsen will in dir.

Bäume sind eng mit der Menschheitsgeschichte verwoben. Jahrtausende waren sie Freund und Feind des Menschen: geachtet, geehrt, geheiligt und verdammt. Traurig wurde es für die Bäume, als sie achtlos im Weg standen, wertlos verplant und gedankenlos dem sogenannten Fortschritt geopfert wurden. Nicht Mythos, nicht Seele, nicht Zeugen der Schöpfung – nur Holz, in Geld auszugleichen. Die Natur war durch die Übermacht der Technik zum Leiden gezwungen, die Gerade siegte über die Konturen der Natur, das Leid des Menschen muß folgen.

Einst war der Sitz der Götter in den heiligen Bäumen, wie es Edda und Veden beschreiben. Der Phönix aus der Asche wurde sich des Menschwerdens bewußt, als er das Rauschen der Pappelblätter über sich wahrnahm.

Die Welten-Esche Yggdrasil, in der älteren Edda, der Fassung des 13. Jahrhunderts, als Ausdruck des religiösen Empfindens der Germanen beschrieben, verband und hielt die Welt zusammen. Mit ihren Wurzeln war sie in der Unterwelt verankert, der Stamm trug die Erde und die Krone stützte den Himmel.

Rührend und bezeichnend ist die Sage von Philemon und Baucis, dem einzigen Paar, das den unerkannten Göttern auf ihrer Erdenwanderung trotz Armut Speis und Trank gewährte. Gefragt nach einem Wunsch, wußten die beiden Alten nichts Wichtigeres vorzubringen, als auch nach dem Tode vereint zu bleiben. Die Götter verwandelten sie in eine Eiche und eine Linde, so daß sie miteinander wachsen und leben konnten.

Linde unterhalb Burg Fürstenstein

»

Alter krummer Baum. Oh, dich hat der wilde Sturm wunderschön gemacht!

«

Ellen Haßmann-Rohlandt
»Jahreszeiten«
»Tanka und Haiku«

Unübersehbar wird in der Schöpfungsgeschichte der Baum in den Mittelpunkt der Natur gestellt:

Als Gott den Garten Eden für den Menschen schuf, vergaß er nicht, ihm Bäume beizustellen, die das Leben verkörperten und die Erkenntnis von Gut und Böse in sich trugen: Und Gott der Herr ließ aufwachsen aus der Erde allerlei Bäume, lustig anzusehen und gut zu essen und der Baum des Lebens mitten im Garten und den Baum der Erkenntnis des Guten und Bösen. *(1. Buch Mose, 2)*

Auch der Stammbaum Christi wurde in Holz dargestellt – wie überhaupt ein weitverzweigtes Familiengefüge in der Allegorie des Baumes seinen Ausdruck findet – von der Wurzel über den Stamm bis hin in die immer stärker aufgegabelte Krone, die in ihren Astetagen Generationen aneinanderreiht. Dieses aus dem 16. Jahrhundert stammende, 123 cm hohe Schnitzwerk stellt die Stammutter Anna in expressionistischer Form als hochgewachsenen Baum dar. Aus seinem Stamm wachsen zwei Äste – Maria und Jesus – eine der besten Darstellungen des Begriffs Stammbaum.

Bäume sind verwoben im Glauben der Völker, sei es der Ölbaum, dessen Zweig der Vogel dem Menschen im Schnabel zuträgt, um seine Zuneigung zu zeigen, oder die Palme als Zeichen des Friedens. Nach der Legende wurde Buddha unter einem Baum geboren, und unter dem heiligen Feigenbaum wurde ihm die Erleuchtung zuteil, so daß man ihn im Symbol eines Baumes verehrte.
Die Totempfähle, aus geweihten Hölzern geschnitzt und verziert, ließen und lassen ihren Zauber über die Eingeborenen Amerikas und gleichsam der Südsee ausstrahlen und geben das Gefühl der Hilfe.

Die Trauer der Friedhöfe wird auch heute noch von Lebensbäumen gemildert, die gar nicht so froh aussehen, aber immer grün an die Zukunft mahnen. Wie viele Bäume werden gepflanzt, um ferne Zeiten noch an ein vermeintlich wichtiges Ereignis zu erinnern, so wie Napoleon seine Heerstraßen mit Pyramiden-Pappeln zu seinem Ruhm und zur Mahnung für viele Nachfolgegenerationen bepflanzen ließ.

Bäume sind etwas ungeheuer Beständiges, trotzdem voll Leben und Wachsen. Unser irdisches Dasein wird vor ihnen klein, und das augenblicklich so Wichtige schrumpft zu einer Faser der Rinde an einem großen Stamm. Mehrhundertjährige Eichen sind in Europa zwar selten, aber nicht ungewöhnlich. In Amerika galten lange Jahre die 3600 Jahre alten Redwood- oder Mammutbäume als die ältesten Bäume der Erde. Erst die dendrochronologischen Untersuchungen eines Forschers der Universität Arizona – Edmund Schulmann – erweiterte diese unvorstellbare Lebensdauer um weitere tausend Jahre. Auf dem exponierten, vom Wind ausgetrockneten Gebirgszug White Mountains im Südosten Kaliforniens fand er erbärmlich vegetierende Kiefern, die Grannen- oder Borstenkiefer, deren mikroskopische Jahrringbestimmung im Jahre 1956 ein Alter von etwa 4600 Jahren nachweisen ließ: Von der Bronzezeit bis zur Atombombe, vom Babylonischen Reich bis zur Demokratie! Mag es an der Trauer über die Menschheitsgeschichte liegen, daß sie in annähernd 5000 Jahren nur 15 Meter Höhe erreichte? Die Jahrringe sind so eng, daß 1100 Jahre auf 12,7 cm gehen, oder 100 Jahre auf 1 cm. Hierfür benötigt eine Pappel nur zwei Monate. In Kalifornien stehen auch die höchsten Bäume der Welt: Ein Mammutbaum wurde mit 122 Metern gemessen und übertrifft den Turm des Freiburger Münsters um sieben Meter.

Gerichtslinde vor der Kirche in Ransbach

»

In jeder Sprache gibt es einen Schatz an Worten, die ihr Wesen ausmachen. Von ihnen lebt das Gedicht. Als ob eine Glocke angeschlagen würde, erwecken sie im Menschen eine Aura von Anklängen. Zu ihnen gehört das Wort »Baum«.

«

Ernst Jünger

Noch viel aufregender und faszinierender ist ein anderes Phänomen, das wohl nur bei Bäumen zu finden ist. Zwei Gattungen haben die Zeit überlebt, so, als habe die Erde sich nie verändert, sei nicht durch Eruption aufgewühlt, durch Druck geformt, durch Wasser zerrissen und in Klimaschwankungen von der Tropenglut bis zum Eisberg verwandelt worden.

Die Familie der Gingkogewächse faßte auf der Erde im Schatten der baumförmigen Farne, Schachtelhalme und Bärlappe im geologischen Erdaltertum – Paläozoikum – vor rund 200 Millionen Jahren Fuß. Gleichzeitig traten die ersten Saurier auf. Diese Baumart ließ sich durch nichts auf der Welt erschüttern, trotzte Krankheiten und Gefahren, breitete sich in der ganzen Welt aus, besiedelte Europa bis hin nach Spitzbergen und widerlegte jede Evolutionstheorie. Ihre Blattform und ihr Blütenaufbau läßt sie weder den Koniferen noch den Laubbäumen zuordnen, zudem ist sie getrenntgeschlechtlich, aber widerstandsfähig und gesund. Als ihre Zeit gekommen war, verzog sie sich in einen Winkel in China und Japan und wurde erst durch den bekannten deutschen Botaniker Kaempfer im Jahre 1690 wiederentdeckt. Vierzig Jahre später kam dieser *Gingko biloba* zurück nach Europa, nach weiteren dreißig Jahren nach Amerika und lebt heute in vielen Parks und Gärten. Seine Gesundheit hält selbst den Autogasen auf dicht befahrenen Straßen stand, nur das Holz ist so primitiv konstruiert, daß es zu keiner Verwendung anregt.

Etwa aus der gleichen erdgeschichtlichen Zeit hat sich eine zweite Baumart bewahrt, die man in Ostasien Wasserlärche, bei uns Urwelt-Mammutbaum und lateinisch *Metasequoia glyptostroboides* nennt. Nur war sie nicht mehr bekannt, höchstens aus Versteinerungen des Erdmittelalters. Da vollzog sich eine erstaunliche Ent-

deckerkombination: In Japan beschäftigte sich der Botaniker Shigeru Miki von der Universität Kyota mit der taxonomischen Bestimmung eines versteinerten Fossils, das er *Metasequoia glyptostroboides* nannte, weil es in keine bekannte Baumfamilie einzufügen war. Im gleichen Jahr 1941 entdeckte der chinesische Forstprofessor T Kau in der Provinz Szetchuan einen großen Baum, den er nicht bestimmen konnte. Die Einheimischen nannten ihn Wasserlärche. Aufgrund seiner Beschreibungen wurde 1944 ein weiterer chinesischer Wissenschaftler entsandt, der Blätter, Zweige und Früchte zurückbrachte, die sich mit den Beschreibungen des Japaners Miki deckten. Das Fossil *Metasequoia* war lebend wiederentdeckt! Die Veröffentlichung 1946 war eine Sensation und führte zu weiteren Expeditionen, die noch etwa 1000 Bäume ausfindig machten und ein Kilogramm Saatgut einbrachten, das über Amerika 1948 auch nach Europa kam. Heute läßt sich der robuste Urweltmammutbaum oder auch Chinesisches Rotholz gut vermehren und wird recht häufig angebaut. Fossile leben unter uns!
Doch wie kam es zu diesem Buch?
Nicht nur für mich als Forstmann gehören Bäume zum Leben. Ich liebe und verehre sie und bemühe mich, mit ihnen Zwiesprache zu halten. Sie geben mir Kraft und Zuversicht und machen mich vom täglichen Ballast frei.

Alte Baumrecken zwingen mir Ehrfurcht ab und lassen Geschichte lebendig, Gegenwart wichtig und Zukunft lebenswert erscheinen. Ich habe sie beobachtet und erlebt, daß sie Freund des Menschen werden können, daß sie uns sehr viel sagen und daß sie uns der Natur und der Schöpfung sehr nahebringen können. Diese Freude sollte ausstrahlen, sollte zum Nachdenken und Besinnen anregen, still werden lassen und die Hektik dämpfen.

Mischwald-Bestand im Reinhardswald

»
Ein alter Baum, das wird immer seltener, und man wird alte Bäume bald besichtigen gehen wie heute irgendeine alte Kapelle.
«
Claude Goretta

Alte Bäume sollten auch Mahner und Warner sein, die Gesetze der Natur nicht beiseite zu schieben, das Leben nicht nur unter technischen und monetären Aspekten zu werten und sich selbst nicht zu hoch einzuschätzen. Vor allem aber sollten sie Lebensweisheit spenden und frei machen vom kurzen Augenblick. Sie sollen uns Freunde sein!

Freunde brauchen die Bäume mehr denn je, wo der Wald unter der Unvernunft und dem Unvermögen des Menschen leidet und mancherorts schon stirbt. Vielleicht gibt es schon bald keine Baumveteranen mehr, mächtige, starke Gestalten, die jahrhundertelang Sturm, Regen, Eis und Hitze getrotzt haben und nun in ganz kurzer Zeit von dem Ausstoß der Fabriken, Heizkraftwerke, unserer Häuser und Autos krank werden.

Einen alten Baum kann der Mensch nicht ersetzen. Seine Persönlichkeit wurde in Jahrhunderten geprägt und entsteht nie wieder. Häuser, Schlösser oder auch Dome lassen sich rekonstruieren und wieder aufbauen – wie die jüngste Vergangenheit zeigt –, es ist eben Menschenwerk. Ein Baum läßt sich nicht zwingen und auch bei bester menschlicher Technik nicht wieder erbauen.

Um die Zeitspanne des Baumlebens plastisch zu dokumentieren, sollte man bei der Zwiesprache mit einem alten Baum einmal der Vorstellung nachgehen, bekannte Gestalten der Geschichte oder Kunst aus der Jugendzeit der Eiche oder Linde kämen plötzlich aus dem Schatten des alten Recken auf uns zu, wie würden wir reagieren? Wir verständen Karl den Großen oder Friedrich Barbarossa schon sprachlich nicht mehr, sie uns in allen Lebensbereichen überhaupt nicht. Nur der Baum wiegt weiterhin sein Haupt.

Blutlinde in Wiesbaden-Frauenstein

Restwald auf der »Kalbe«

»
Zu fällen einen schönen Baum, braucht's eine halbe Stunde kaum. Zu wachsen, bis man ihn bewundert, braucht er, bedenk' es, ein Jahrhundert.
«

Eugen Roth

Durch das Buch möchte ich aber auch Anregungen zum Schutz und zur Pflege alter Bäume geben:

- dem Waldbesitzer und Forstmann zum Freihauen von bedrängenden Konkurrenten und zur sachgemäßen Behandlung von Wunden;
- den Landkreisen und Städten zur Registrierung der alten Bäume, deren Pflege und Schutz. Auf Kreisebene sollten ähnlich wie im vorliegenden Band Baumdokumentationen erstellt werden;
- den Naturschutzbehörden zu mehr Anstrengungen in der Ausweisung und dem sinnvollen Schutz von Naturdenkmälern;
- den Schulen zum Unterricht in Naturkunde und zum Verständnis für die Natur;
- und allen Menschen zur Ehrfurcht und Liebe zu alten Bäumen.

In das vorliegende Buch wurden nur Bäume aus Hessen aufgenommen, um aus einem möglichst engmaschigen Netz eine brauchbare Auswahl treffen zu können. Hierzu habe ich die Mitarbeit vieler Personen, Verbände und Gruppen gesucht und gefunden. Die Forstbeamten des Landes haben in ihrem engen Netz von mehr als 900 Dienststellen eine Menge liebens- und schützenswerter Bäume genannt. Die Mitarbeiter der Naturschutzbehörden, die Städte und Landkreise haben eifrig mitgewirkt, und die ehrenamtlichen Mitglieder der Naturschutzverbände brachten viele Anregungen ein. Insgesamt wurden circa 900 Bäume in Hessen vorgeschlagen. Davon habe ich eine Auswahl von mir interessant erscheinenden Naturschöpfungen ausgewählt, wobei zwei Kriterien im Vordergrund standen: zum einen Bäume mit geschichtlichem Hintergrund, zum anderen Bäume, an denen man nicht vorübergehen kann, ohne daß man ehrfürchtig wird.

Hinweise habe ich neben anderen Baumbüchern zwei auf Hessen konzentrierten Werken entnommen: »Bemerkenswerte Bäume im Großherzogtum Hessen«, 1904 von der Hessischen Forst- und Cameralverwaltung herausgegeben; »Forstbotanisches Merkbuch – Provinz Hessen-Nassau«, 1905, Preußische Staatsforstverwaltung.

Die größten Schwierigkeiten bereitete die Alterseinschätzung. Wo irgend möglich wurde nach historischen Angaben gefahndet oder wurden Betriebswerke der Forstverwaltung herangezogen. Vielfach konnte nur eine Spanne eingeschätzt werden, die aus dem Vergleich mit anderen Bäumen unter Berücksichtigung der Standortverhältnisse hergeleitet wurde. Die einzig mögliche Bestimmung – Jahrringauszählung mit Hilfe eines Bohrspanes – war meist nicht gegeben, weil die Bäume zu stark dimensioniert sind oder im Inneren hohl waren. Oft bleibt das wirkliche Alter das Geheimnis des Baumes!

Ein Beispiel soll die Schwierigkeiten verdeutlichen. Die Reinhardswaldeichen gelten als besonders alt, weil Eichen seit der Unterschutzstellung dieses Gebietes als Bannwald zur Zeit Karls des Großen (768 – 814) weitgehend geschont wurden. Im Forstamt Gahrenberg – Abteilung 158 – steht ein alter Eichen-Buchen-Hutebestand. Mehrere Eichen sind abgestorben und bleiben als Vogelbrutbäume stehen. Im Frühjahr 1984 wurde ein solcher Baum vom Wind geworfen. Seine Maße: Höhe 22 bis 25 Meter, Stammumfang in 1,3 Meter Höhe: 300 cm. Die Jahrringe konnten wegen Stammfäule erst in 2 Meter Stammhöhe ausgezählt werden und ergaben 416 Jahre. Rechnet man unter Berücksichtigung der damaligen Wildverhältnisse – hohe Dichte an Rot- und Rehwild – und des Verbisses von Weidevieh für die unteren 2 Meter nur etwa 20 Jahre hinzu, so kommt man auf ein Alter von etwa 440 Jahren.

Bergahorn bei Schlüchtern

»Ich möchte wohl ein Baum sein, schon, weil manchmal ein Vogel kommt und in meinen Zweigen singt.«

Else Lasker-Schüler aus »Die Bäume unter sich«

Nach Aussagen des ältesten Waldarbeiters dieser Försterei und des seit Kriegsende tätigen Försters war der Baum vor rund 50 Jahren abgestorben, so daß das Gesamtalter auf knapp 500 Jahre eingeschätzt werden kann.

Der Baum konnte mittlerweile dendrochronologisch abgesichert werden und geht mit seinen Jahresringen auf das Jahr 1510 zurück. Er starb im Jahr 1950, so daß 440 Jahre nachgewiesen wurden. Da auch diese Untersuchung aus einem Stammabschnitt 2 Meter über dem Boden erfolgen mußte, muß man eine Spanne von etwa 20 Jahren hinzurechnen, so daß er vor 1500 gekeimt haben muß.

Vergleicht man diesen Baum mit der Gerichts-Eiche Reinhardswald, die auf einem schlechteren Standort stockt, ergeben sich folgende Relationen: Die Gerichts-Eiche ist mit 18 Meter Höhe wesentlich niedriger, trägt aber eine 50 Prozent breitere Krone – ein Zeichen des geringeren Höhenwachstums auf ärmeren Böden. Ihr Stammumfang liegt mit 850 Zentimeter in der Spitzengruppe aller gemessenen Bäume. Dies entspricht einem Durchmesser von 271 Zentimeter. Die ausgezählte Eiche erreichte in etwa 440 Jahren einen Durchmesser von 96 Zentimeter. Da mit zunehmendem Alter die Jahresringe immer enger werden, läßt sich die Altersschätzung nicht einfach auf einen Durchmesservergleich stützen. Das Untersuchungsobjekt bildete in den letzten hundert Lebensjahren Jahrringe von durchschnittlich 0,9 Millimeter aus. Geht man mit diesen Werten auf die Altersschätzung der Gerichts-Eiche ein, so kommt man auf ein Alter, das zwischen 1300 und 1400 Jahren liegen dürfte. Man muß sich vorstellen, daß Karl der Große bereits unter dieser Eiche regiert und gerichtet haben könnte.

Alle ausgewählten Bäume wurden fotografiert. Mitarbeiter, Hobby- und Berufsfotografen haben mitgearbeitet und waren meist von der Aufgabe begeistert. Vielfach kann das Foto die Gestalt, Eigenart und auch das Wesen einer Baumpersönlichkeit nicht vollends erfassen. Ich habe mich deshalb um Maler und Zeichner bemüht, die naturinteressiert und begeistert sind. Sie durften Stift und Farbe selbst wählen und »ihren« Baum frei gestalten. Nur um Einfühlen und um Zwiesprache mit dem Baum habe ich sie gebeten. Ich habe den Eindruck, dies wurde meist verstanden. Gedanken wurden mir mitgeteilt und weitere Baumfreunde geworben. Die Komposition Baum und Kunst trägt ihre Früchte.

Allen Menschen wünsche ich Freude an unseren Bäumen.

Wiesbaden, November 1984 Hans Joachim Fröhlich

Hutebuche in der Hochrhön

„Mitnichten ist der Baum zuerst Same, dann Sproß, dann biegsamer Stamm, dann dürres Holz. Man darf ihn nicht zerlegen, wenn man ihn kennenlernen will. Der Baum ist jene Macht, die sich langsam dem Himmel vermählt."

Antoine de Saint-Exupéry

Reinhardswald

Der Reinhardswald ist ein sagenumwobener Wald. In seiner Mitte ragt auf einem Basaltfelsen die Sababurg aus dem Jahre 1334 auf, in der die Gebrüder Grimm ihr Dornröschen schlafen ließen.

Der Reinhardswald, ein 22000 Hektar großes, geschlossenes Waldgebiet, grenzt auf einer Länge von 30 Kilometern im Osten an die Weser und wird im Süden von der Fulda, einem Flußpartner der Weser, eingerahmt. Im Norden stößt er bei der malerischen Stadt Karlshafen auf die Diemel, und im Westen senkt er sich zur warmen niederhessischen Senke ab. Das mehrere hundert Meter mächtige Buntsandsteinmassiv wird von einigen Basaltkuppen durchbrochen, die ihm Berge bis 500 Meter verleihen. Der Reinhardswald ist ein sagenumwobener Wald. In seiner Mitte ragt auf einem Basaltfelsen die Sababurg aus dem Jahre 1334 auf, in der die Gebrüder Grimm ihr Dornröschen schlafen ließen. Uralte Eichen und Buchen prägen das Waldbild, 200jährige Eichenalleen zeugen von alter Jagdkultur. Bereits Karl der Große hat das Waldgebiet nach der Niederwerfung der

Sachsen zum königlichen Bannforst erklärt und in sein Frankenreich eingegliedert. Seitdem blieb der wildreiche Forst immer wieder im unmittelbaren Einflußbereich der Mächtigen – seien es die Bischöfe von Paderborn oder Mainz oder die Fürstenhäuser von Braunschweig oder Kurhessen. Der Wald hat allen Anfechtungen getrotzt. So ist von den 31 Rodungen während der landhungrigen Zeit im frühen Mittelalter nur ein Dorf erhalten geblieben. Der Wald nährte jahrhundertelang die nah und fern liegenden Dörfer des westlichen Weserberglandes durch Eintrieb großer Viehherden, durch Nutzung der Laubstreu als Viehfutter, durch Lieferung des Holzes für Haus und Gewerbe. So umreißt ein Protokoll aus dem Jahre 1748 den durchschnittlichen Vieheintrieb mit folgenden Zahlen: 3000 Pferde, 6000 Stück Rindvieh, 5500 Schweine, 20000 Schafe und 700 Ziegen. Die Waldwirtschaft mußte sich darauf einstellen. Die Wälder blieben licht, die Neupflanzungen erfolgten in extrem weiten Verbänden wie zum Beispiel bei Eiche in 8–10 Meter Quadrat- oder 6 mal 12 Meter Reihenverband. Die Bäume mußten geköpft werden, um häufig viele Früchte tragen zu können, oder wurden durch regelmäßige Rückschnitte so umgestellt, daß die frischen Triebe als Viehfutter gewonnen werden konnten. Sehr früh wurden Forstordnungen erlassen, die einzelne Waldteile schützten und alte Bäume vor dem Einschlag retteten. So sind bis in die Gegenwart eine Fülle interessanter Waldformen und starker Altbäume erhalten geblieben. Ein besonderes Kleinod ist der Sababurger Urwald.

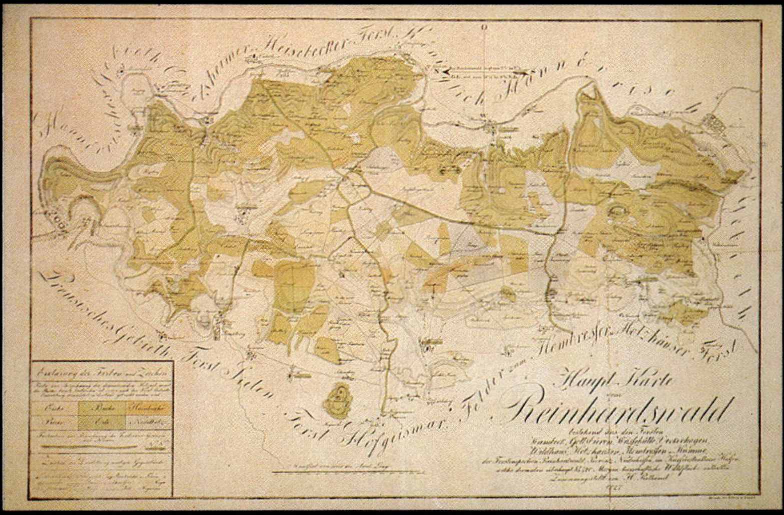

Durch Zufall lernten die beiden Brüder Jacob und Wilhelm Grimm in einem Dorf bei Kassel eine Bäuerin kennen, »durch welche wir einen ansehnlichen Teil der hessischen Märchen erhalten haben«, berichteten sie. Als Tochter eingewanderter Hugenotten hat die »Viehmännin« – durch Heirat hatte Katharina Dorothea Pierson den Namen Viehmann bekommen – von durchreisenden Kaufleuten, Handwerksburschen und Fuhrleuten in der Gaststube ihres Vaters viele Geschichten und Sagen aus dem waldreichen Hessenland gehört.

Gerichts-Eiche Gahrenberg

Die Gerichts-Eiche steht in einem Fichtenwald unmittelbar neben der Höhenstraße im Forstamt Gahrenberg (Abt. 225).

Alle Dörfer um den Reinhardswald und im Wesertal teilten sich auf zahlreiche Gerichtsbezirke und Herrschaften auf. Unter uralten Bäumen wurde Gericht gehalten. Inmitten des Reinhardswaldes steht ein gewaltiger Recke, knorrig und voller Gesichter, zerzaust und vom Sturm aufgerissen, aber immer noch voller Kraft – die Gerichts-Eiche. Geschichtliche Beweise über diese Gerichts-Eiche konnten nicht gefunden werden. Die bekannten harten Strafen gegen Holzfrevler, vor allem aber gegen Wilderer, die es in diesem großen Waldgebiet immer gab, machen es wahrscheinlich, daß die Herren des Reinhardswaldes die Straffälligen unter dieser Eiche ihrer Strafe zuführten. Bei der strengen Ausübung der Jagd könnten hier auch die jagdlichen Vergehen der Jäger geahndet worden sein.

Das Alter der Gerichts-Eiche Gahrenberg wird auf mindestens 1300–1400 Jahre geschätzt. Mit einem Stammumfang von 850 cm und einem Kronendurchmesser von 18 m gehört dieser 18 m hohe Baum zu den mächtigsten seiner Art in Hessen (siehe auch nächste Doppelseite).

im Reinhardswald

Pyramiden-Eiche in Hombressen

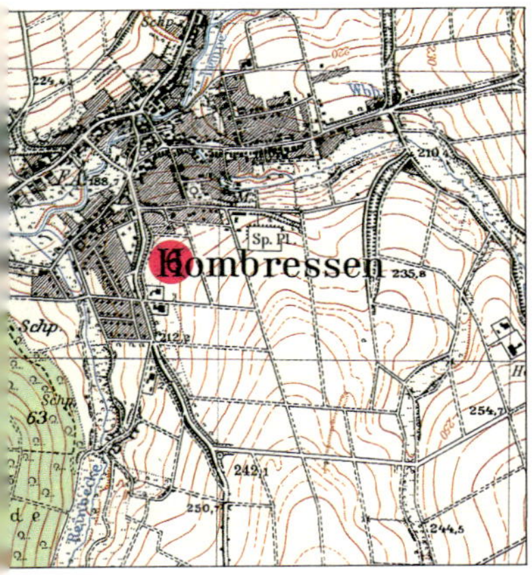

Am alten Friedhof von Hombressen, Ortsteil von Hofgeismar, steht diese Pyramiden-Eiche.

Die Eiche ist ein vegetativ vermehrter Nachkomme der »Schönen Eiche von Harreshausen« bei Darmstadt, die als die Mutter der Pyramiden-Eiche gilt. Im Jahre 1795 hatte der Forstmeister Hartig Zweige nach Wilhelmshöhe gebracht, die der Hofgärtner Mohr pfropfte und vermehrte. Diese Eichen stellten Geschenke des kurhessischen Fürstenhauses dar. Von hier kann auch die Harnickel-Eiche stammen (vgl. die Schöne Eiche in Harreshausen und Pyramiden-Eichen Bergpark Wilhelmshöhe).

Die Pyramiden-Eiche wurde 1863 zu Ehren des Kurfürstlich-Hessischen Forstinspektors Ernst Wilhelm Harnickel (1796–1862) auf dessen Grab auf dem Friedhof in Hombressen gepflanzt. Forstleute, Waldarbeiter und die Bevölkerung wollten damit einen verdienten Forstmann des Reinhardswaldes ehren, der das Forstrevier Hombressen 1837 übernommen und bis zu seinem Tode geleitet hatte. Seine Verdienste werden gekennzeichnet durch den Aufbau einer forstlichen Meisterschule, in der gute und bedeutende Förster und Jäger ausgebildet wurden; durch die großen Eichenaufforstungen insbesondere im Westteil des Reinhardswaldes; durch seine soziale Tatkraft, die der armen Bevölkerung half, die Not zu lindern, indem er ihnen Arbeit und Brot im Walde verschaffte. Insbesondere in dem Hungerjahr 1847 half er Hunderten vom Hungertod bedrohten Bürgern und verschuldete sich und seine Familie stark.

Holzenburg

Linde bei Veckerhagen

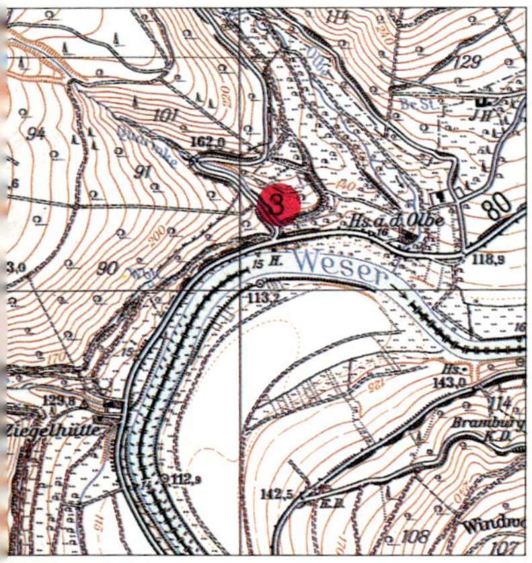

Der Baum steht an der B 80 in der Gemarkung Veckerhagen.

Das Alter dieser Linde beträgt ca. 300 Jahre. In Brusthöhe hat der Stamm einen Umfang von 460 cm. Die Höhe des Baumes ist mit 22 m ausgewiesen, der Kronendurchmesser beträgt 25 m.

Der vielarmige Baum mit mächtiger Krone steht auf dem Areal einer ehemaligen Glashütte und an der alten Fahrstraße des Wesertales, der heutigen Bundesstraße. Möglicherweise wurde sie von Glasmachern als Wildling gepflanzt oder schlug aus dem Stock einer alten Linde dieses Glasplatzes wieder neu aus, worauf die zahlreichen Stämme des gleichen Ursprungs hindeuten. Die Glashütte, die – noch heute erhaltene – wertvolle Jagdgläser herstellte, dürfte gegen 1700 aufgegeben worden sein. Danach wurde an diesem verkehrsgünstig und reichlich mit Wasser aus dem Olpetal versorgten Standort die alte Försterei Ziegelhütte gebaut. Möglicherweise zierte der Baum Hof oder Garten dieses ehemaligen Forstgehöftes.

Hexenbesen-Fichte bei Oedelsheim

Im Bereich der Revierförsterei Oedelsheim (Forstamt Bad Karlshafen) befindet sich diese eindrucksvolle Hexenbesenfichte.

Bis zu ihrem 100. Geburtstag etwa ist die 133jährige Fichte ganz normal gewachsen. Plötzlich entwikkelte der Spitzentrieb eine Fülle von Knospen, die gleichzeitig nach verschiedenen Seiten Zweige trieben. Nur der Leittrieb blieb verkümmert. Solche Erscheinungen können durch Insekten initiiert werden, meist sind es aber Mutationen, also Erbsprünge, die Merkmalsänderungen herbeiführen. – Die Fichtenkrone setzte im Laufe der Jahre eine Haube auf, die man wegen der wirren Verzweigung auch Hexenbesen nennt. Dieser ist 3 bis 4 Meter hoch und 4 bis 5 Meter breit, also fast kugelförmig, und leuchtet weit ins Land hinaus. Die Fichte wird an der hohen Belastung in ihrer Spitze schwer zu tragen haben. Der heute 29 Meter hohe Baum mit einem Stammumfang von 180 cm steht am Rande eines Buchenbestandes, der seinerzeit zu 10 Prozent mit Fichte ausgepflanzt worden war.

Hexenbesen oder Donnerbesen sind Bezeichnungen für alle pflanzlichen Mißbildungen, die meistens von Parasiten, z. B. Pilzen oder Rostpilzen hervorgerufen werden. Durch deren Einfluß kommt es zu einem übersteigerten, krankhaften Austreiben aller Seitenknospen, während die Triebe gewöhnlich gestaucht bleiben. Schließlich stehen die Zweige so dicht wie in einem Besen.

Schneitel-Buchen im Reinhardswald

In den Forstämtern Reinhardshagen und Karlshafen stehen an mehreren Stellen mehrhundertjährige Schneitel-Buchen.

Die Schneitel-Buchen im Reinhardswald sind Zeugen einer Zeit, da der Wald vor allem auch als Nahrungsquelle für das Vieh zu dienen hatte.

Eine andere Form der viehwirtschaftlichen Nutzung der Wälder lag in der Gewinnung von jungen Zweigen mit Blättern, die getrocknet dem Vieh als Winterfütterung dienten. Die Baumarten Hainbuche und Rotbuche eigneten sich ebenso wie Aspe oder Weide. Wichtig war der rasche und vielfältige Austrieb neuer Äste. Der jahrzehntelange Rückschnitt in Intervallen von meist 3–5 Jahren ließ bizarre Stammformen mit vielen Gesichtern entstehen, die noch heute erahnen lassen, wie sehr die Bäume bluteten und litten.

Fichten-Klumpse im Gahrenberg

An mehreren Stellen im Bereich des Forstamtes Gahrenberg findet man Fichten-Klumpse.

Bei den Klumpskulturen wurden in einem Verband von etwa 16 Metern Hügel von 4 Meter Durchmesser und einer Höhe von knapp einem Meter aufgeworfen. Die Erde entstammte einem Grabensystem, das die nassen Flächen entwässern sollte. In der Mitte des Hügels wurde ein Eichenheister gepflanzt, am Rande ein Kranz junger Fichten. In solchen Kulturen mußte die Viehweide nicht verboten werden, weil die gefährdeten Eichen von den Fichten geschützt werden sollten. Die Fichten zeigten auf dem aufgeworfenen Boden ein so gutes Wachstum, daß die Eichen bald abstarben. Es konnte nie geklärt werden, ob die Förster eine Kombination aus Waldbau und Viehwirtschaft anstrebten oder aber wußten, daß sich aus solchen Kulturen bald Fichtennutzholzbestände ohne Weideeintrieb entwickeln würden.

Die eigentlichen Beweggründe jener Forstbeamten, die mit einem Kranz von Fichten junge Eichenpflanzen vor dem Verbiß durch das Vieh zu schützen gedachten, konnten nie aufgeklärt werden. Das Ergebnis der Bemühungen war jedenfalls, daß der Schutzwall aus Nadelbäumen das Absterben der Laubbäume herbeiführte.

Hute-Bäume im Reinhardswald

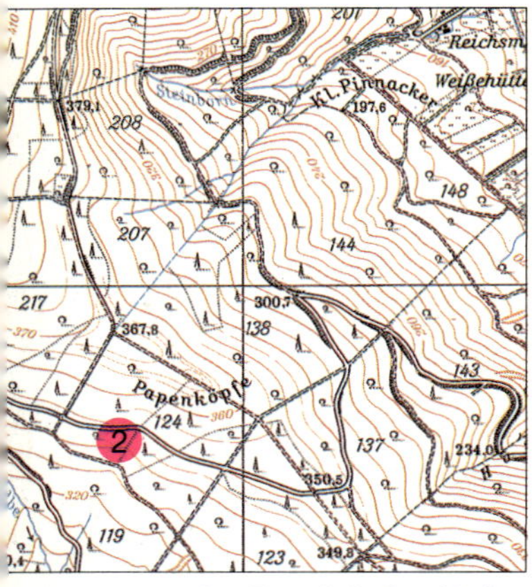

Im Bereich des Reinhardswaldes findet man häufig alte Hute-Bäume.

Der Reinhardswald bot jahrhundertelang der Bevölkerung eine sichere Ernährungsgrundlage. Tausende Stück Vieh wurden fast das ganze Jahr hindurch eingetrieben, ausgenommen in harten Winterzeiten, um vor allem Bucheckern und Eicheln aufzunehmen. Nur in schneereichen Wintern blieb das Vieh in den Ställen. Ein Protokoll von 1748 nennt folgende Zahlen: 3059 Pferde und Fohlen, 5869 Stück Rindvieh, 19574 Schafe, 718 Ziegen, 5448 Schweine, 58 Packesel. – Die Waldwirtschaft war ganz auf diese Wirtschaftsform eingestellt: sehr weite Verbände, lichte Bestände, in denen Gras und Kräuter wachsen konnten, frühes und wiederholtes Köpfen der Baumkronen, um ein volles Ast- und Laubwerk zu erzielen, das zugleich auch regelmäßig Früchte tragen konnte, und insbesondere das Belassen alter, starker Bäume war Zielsetzung der forstlichen Ernährungswirtschaft. Daß der Begriff Ernährungswirtschaft berechtigt ist, kann die Feststellung erhärten, daß in einem guten Samenjahr auf einem Hektar Alteichen etwa 1,5 Millionen Eicheln mit 5000 kg und auf einem Hektar Buchen 4–5 Millionen Eckern mit 800–1000 kg abfallen können. Daneben wurde die Streu, das heißt das abgeworfene Laub, für Winterfutter und für die Stalleinstreuung in ganz erheblichem Umfange genutzt. Diese Rechte blieben bis zur Jahrhundertwende erhalten und wurden hart verteidigt. Beide Maßnahmen zehrten die Böden so aus, daß die lückigen Baumbestände keine Wälder mehr darstellten und vielfach nur noch die Aufforstung mit Nadelbäumen möglich war. Seit Anfang des 19. Jahrhunderts hat sich eine besondere Form des Fichtenanbaus herauskristallisiert, die ebenfalls der Viehhute diente, die sogenannten Klumpse.

Frühes und wiederholtes Köpfen der Baumkronen verfolgte den Zweck, ein volles Ast- und Laubwerk zu erzielen, das wiederum hohe und regelmäßige Ernteerträge bei Eichen und Buchen verhieß.

”
Was sind das für Zeiten, wo ein Gespräch über Bäume fast ein Verbrechen ist, weil es ein Schweigen über so viele Untaten einschließt.
“

Bertolt Brecht

Vom Mittelalter bis ungefähr in das 18. Jahrhundert wurde der Wald hauptsächlich als Weide für Schweine, Rinder und Schafe genutzt (sogenannte Hutweide). Vor allem Eichen- und Buchenwälder waren hoch geschätzt, denn sie boten neben Gras und Laub auch Eicheln und Bucheckern als nährstoffreiche Mast. Aus dieser Zeit stammen noch die Begriffe »Vollmast« oder »Halbmast« für Jahre mit viel oder wenig Baumsamen.
Die Landesherren vergaben an die Bauern die Nutzungsrechte zur Waldweide. Der Erlös daraus, das sogenannte Mastgeld, überstieg bei weitem die Einnahmen aus dem Verkauf des Holzes. So erbrachte ein 5000 ha großer Forst ein Mastgeld von 55 000 Goldmark, aus dem Holzverkauf aber nur 530 Goldmark.
Durch die Beweidung litt die Qualität des Waldes: Das Vieh verbiß und vertrat nicht nur die jungen Pflanzen, auch der Waldboden wurde fest und luftarm getreten.
Erst durch die Modernisierung und Intensivierung der Landwirtschaft Ende des 18. Jahrhunderts wurde der Wald von der Waldweide entlastet.

Urwald Sababurg

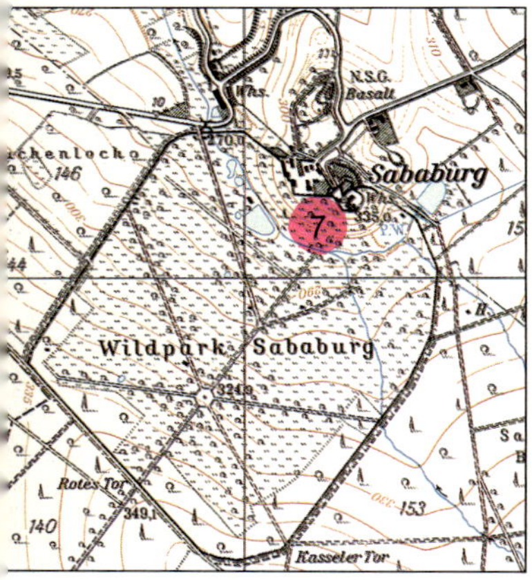

Am Fuße der sagenumwobenen Sababurg liegt ein 92 ha großes Urwaldgebiet, das wahrscheinlich zu den ältesten Naturschutzgebieten Deutschlands zählt.

Eigentlich ist es gar kein Urwald, dieses Naturschutzgebiet am Fuß der sagenumwobenen Sababurg aus dem Anfang des 14. Jahrhunderts und des Mauerparks von 1571. Richtiger würde er Hute-Urwald genannt, ein Relikt aus jenen Jahrhunderten, in denen die Weidewirtschaft die Holzzucht fast völlig zurückdrängte. Private Naturliebhaber oder – wie wir heute sagen würden – ehrenamtliche Naturschützer haben dieses Gebiet gerettet, tatkräftig unterstützt von Forstleuten, die dieses Kleinod ebenfalls erhalten wollten. Der Maler Theodor Rocholl, Professor an der Kunstakademie Düsseldorf, erwirkte mit seinen Malerfreunden, insbesondere Peter Paul Müller, daß der Leiter Commenz der »Staatlichen Stelle für Naturdenkmalpflege«, von Preußen 1906 eingerichtet, das Gebiet bereiste und es in Zusammenarbeit mit der Preußischen Forstverwaltung – Oberforstrat Swart – bereits 1907 unter Schutz stellte. Damit dürfte der Urwald Sababurg eines der ältesten Naturschutzgebiete Hessens, vielleicht sogar das älteste überhaupt sein. Dieses Waldstück wurde der »Malerwinkel« genannt. Auf 66 Hektar erfolgte seit 1907 keine Bewirtschaftung mehr. Viele Bilder der Malerschule um Rocholl huldigten den »tausendjährigen Eichen« (Rocholl). Zehn Jahre später erweiterte man die Schutzfläche auf 207 Hektar, 1925 wurde sie auf die heutige Größe von 92 Hektar zurückgenommen. – Eine weitere Lehre gibt der Urwald uns: Wenn man so alte Recken wie die mächtigen Eichen und Buchen erhalten und schützen will, dann brauchen sie ein geringes, feinfühliges Maß an Pflege. Nicht, daß man die hohlen Stämme ausmauert, absterbende Äste absägt oder Rindenrisse mit Kunststoff versiegelt, sondern daß man ihnen gegen den natürlichen Entwicklungsdruck hilft. – Nach falsch verstandener konservierender Naturschutzidee wurde in dem Urwald seit Anfang dieses Jahrhunderts keinerlei Waldpflege betrieben. Starke Fruktifikationsjahre ließen die Buchenansamung so zunehmen, daß deren Aufwuchs den vielfältigen Floren- und Faunencharakter bald nachhaltig verändert hatte. Die Buche setzt sich hierzulande ohne menschliche Lenkung zur natürlichen Monokultur durch. Heute stärkt man die Baumriesen durch vorsichtige Entnahme bedrängender junger Buchen. – Über die Entwicklung des Natur-

Private Naturliebhaber haben den Urwald Sababurg gerettet, tatkräftig unterstützt von Forstleuten, die dieses Kleinod ebenfalls erhalten wollen.

schutzgebietes Urwald Sababurg besitzt die Forstverwaltung gute Aufzeichnungen. 1875 war die gesamte Fläche noch offener Huteort. Der Bestand an alten Buchen und Eichen wurde mit 185 Stück festgehalten. 50 Jahre später beklagt das Forstwerk die starke Zunahme jüngerer Buchen. Die Waldaufnahme von 1953 spricht von 250jährigen Buchen und 400jährigen Eichen. Ein großer Waldbrand im Jahre 1933 richtete erhebliche Schäden an. Die letzte Bestandsaufnahme aus 1975 warnt in drängenden Forderungen vor der deutlichen Entwicklung zum Buchenreinbestand. Heute wird der Zielsetzung zugearbeitet, die Parklandschaft gleich Hutewald mit den alten Baumrecken und vielen Tier- und Pflanzengesellschaften zu erhalten. Tatsächlich stehen noch 170 alte Recken mit mehr als 4 Meter Umfang, davon 20 mit 6–7 Meter Umfang in Brusthöhe in dem Urwald, also nur 15 weniger als vor über 100 Jahren – vgl. die Angaben von H. Stolz, »Führer durch ein Naturschutzgebiet mit tausendjähriger Geschichte«. Das wahre Alter der Bäume konnte bisher nicht exakt bestimmt werden, dürfte aber wesentlich höher liegen als mit 400 Jahren angegeben wird. Die ältesten Bäume können an 800–1000 Jahre herankommen.

Nach falsch verstandener konservierender Naturschutzidee wurde im Urwald seit Anfang dieses Jahrhunderts keinerlei Waldpflege betrieben. Dadurch bedrängt der Buchennachwuchs immer heftiger die alten Recken. Heute werden diese vor zu starker Konkurrenz bewahrt. Das Waldstück wurde auch »Malerwinkel« genannt, da dort viele Bilder vor allem aus der Malerschule um Theodor Rocholl entstanden.

Das wahre Alter der meist bizarren Bäume im Urwald Sababurg konnte bisher nicht exakt ermittelt werden. Die ältesten unter ihnen dürften jedoch 800–1000 Jahre alt sein.

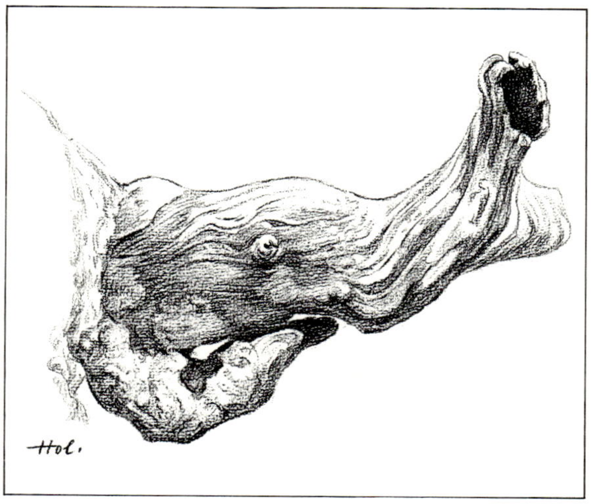

»
Was ich dir wünsche?
Nicht, daß du der schönste Baum bist, der auf dieser Erde steht.
Nicht, daß du jahraus, jahrein leuchtest von Blüten an jedem Zweig.
Aber daß dann und wann an irgendeinem Ast eine Blüte aufbricht, daß dann und wann etwas Schönes gelingt, irgendwann ein Wort der Liebe ein Herz findet, das wünsche ich dir.
«

Jörg Zink

Die Bildhauerin Natur schuf im Urwald ebenso Seltsames wie Erstaunliches: Fratzen und geballte Fäuste, Tiergestalten und fremdartige Wesen.

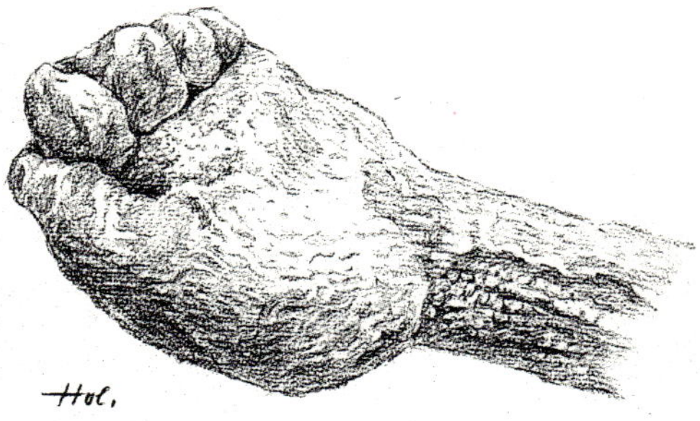

»

Es ist wahr: Was sind das doch für Zeiten, da uns die Sprache der Bäume, da uns ihr Verstummen dazu nötigt, sie ins Gespräch zu bringen. Da wir sie nicht mehr als Zuflucht unserer Seele suchen und ihre kraftvolle Gelassenheit preisen, sondern sie an unseren Nutzenerwartungen messen und, auf einmal, auch ihre Verletzlichkeit und Unersetzbarkeit entdecken; uns der Wohlfahrtsaufgaben des Waldes bewußt werden. Da wir langsam begreifen, daß Bäume eigentlich nie im Wege stehen und mehr sind als Holz- und Schattenspender.

«

Bertolt Brecht

Noch 170 uralte Recken mit mehr als 4 Meter Umfang – davon allein zwanzig mit 6–7 Meter Umfang – kann man im Urwald bestaunen (Bild unten zeigt die bekannte Wappeneiche).

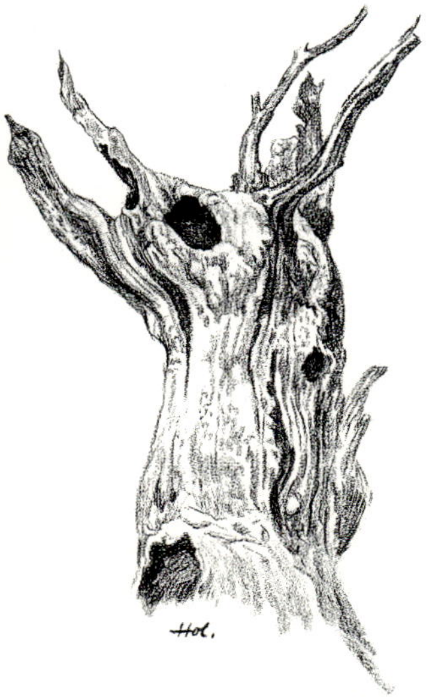

Wie urweltliche Ungeheuer aus einem Gruselfilm präsentieren sich die Reste verwitterter Baumriesen. Das ewige Lied vom Werden und Vergehen alles Lebendigen – hier im Urwald wird es allenthalben hörbar (siehe auch Foto und Gemälde der nächsten beiden Doppelseiten).

Wo einst ein Heer von Schafen, Schweinen und Ziegen graste, beherrschen heute grüne Patriarchen die Szene. Zu den ungewöhnlichsten Erscheinungen zählt die Kamineiche (unten).

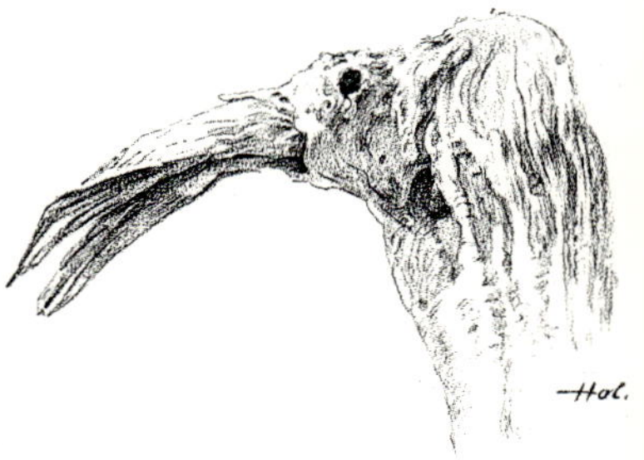

Die Phantasie der Natur kennt keine Grenzen. An urweltliche Tiergestalten erinnern abgestorbene Baumreste in der Waldwildnis.

Keine 100 m östlich des Birkenfeldhofes steht unmittelbar am alten Viehtriftweg von Holzhausen (Forstamt Gahrenberg) eine 250 Jahre alte Triftbuche (siehe Zeichnung und nebenstehendes Foto). Ihre gewaltige Krone hat einen Durchmesser von 30 m. Ihr Umfang beträgt 380 cm bei einer Höhe von 25 m. Das Foto unten zeigt die Dicke Eiche bei Helmarshausen. Der etwa 600–700 Jahre alte Baum (nach örtlichen Angaben soll er mehr als 1000 Jahre alt sein) steht an der Straße Helmarshausen nach Langenthal (bei Kilometer 72).

Im Bereich des Forstamtes Gahrenberg (Abt. 237) steht die ca. 500–600 Jahre alte Lohengrin-Eiche. Sie hat einen Umfang von 550 cm und mißt 20 m in der Höhe (Foto links und Zeichnung oben).

Foto links und Zeichnung oben zeigen die alte Gerichtseiche in Breuna. Das große Foto in der Mitte zeigt die 300 Jahre alte Huteeiche auf dem Friedhof Beberbeck. Sie ist 20 m hoch und hat einen Umfang von 650 cm.

Kaufungerwald und Habichtswald

Von der nordhessischen Hauptstadt Kassel – 913 erstmalig als fränkischer Königshof erwähnt – steigen nach Nordosten der Kaufungerwald und nach Westen der Habichtswald auf. Beides sind große zusammenhängende Waldgebiete. Besonders der Kaufungerwald, der nach Niedersachsen hineinragt, übte jahrhundertelang als undurchdringlicher Wald Grenzschutzfunktionen aus. In der Rodungszeit wurden viele Dörfer zum Fulda- und Werratal hin und in den Seitentälern gegründet, die in ihren Ortsbezeichnungen die Endung -rode – wie zum Beispiel Großalmerode – führen. An den Basaltdurchbrüchen werden die häufigen Braunkohlevorkommen ebenso genutzt wie die tertiären Tone, die zu Keramiken

Der Habichtswald ist der Hausberg der Kasseler. An seinen Hängen klettert Kassel hinauf nach Wilhelmshöhe. Der bekannte Bergpark geht stufenlos in die üppigen Laubwälder der Umgebung über. Einen herrlichen Blick in Richtung Kassel hat man auch von der Abschiedslinde aus, die an der Straße Kammerbach-Dudenrode steht (rechtes Foto).

weiterverarbeitet werden. Die großen Buchenwaldungen mit ihren hohen Holzvorräten, das reichliche Wasserangebot und die tertiären Tone und Sande ließen bereits im frühen 15. Jahrhundert die Glasmacherei aufblühen. Sie verbrauchte sehr viel Holz, das auch zu Holzkohle und Pottasche weiterverarbeitet wurde. Die Folge waren weite Räumden in den Wäldern, die zudem noch mit Vieheintrieb und Streunutzung stark belastet wurden. Vielfach blieb im 19. Jahrhundert keine andere Wahl, als die Blößen mit Nadelhölzern wieder aufzuforsten. Der erste Fichtenanbau wird auf 1812 zurückgeführt.
Der Habichtswald ist der Hausberg der Kasseler. An seinen Hängen klettert Kassel hinauf nach Wilhelmshöhe. Der bekannte Bergpark geht stufenlos in die üppigen Laubwälder über. Die Berglandschaft entstand nach zahlreichen basaltischen Eruptionen, die das Buntsandsteinmassiv überlagern und mit ihren nährstoffreichen Böden eine vielseitige Baum-, Strauch- und Krautflora gedeihen lassen. In den Wäldern herrschen Buchen, Eichen, Eschen und Ahorn vor – eine schöne Landschaft zur Erholung und zum Naturerlebnis.

Eiben im Badenstein

Nordwestlich des kleinen Ortes Bischhausen, am Südhang des Badensteins, stehen mehrere Exemplare der selten gewordenen Eiben.

Die hier dargestellten Eiben des Badensteins dürften ein Alter von 500 bis 600 Jahren haben. Das Holz dieser Bäume wächst ungewöhnlich langsam, so daß ihr Durchmesser nur 80–90 cm beträgt. Höhen von 12 m sind – zumindest im Wald – eine Seltenheit.

Ausschließlich auf Kalkstandorten – meist warme, trockene und flachgründige Böden – wachsen die Eiben in Nordhessen. Ihr Vorkommen häuft sich im Werrabergland, im Ringgau und bei Sontra. Diese stark schattenertragende, sehr langsamwüchsige und niedrig bleibende Baumart ist stark rückläufig. Eine Aufnahme des Naturschutzgebietes Graburg bei Eschwege zeigte 1903 noch einen Bestand von 5552 Eiben, 1982 waren es nur noch 3023 Stück. Der Badenstein, ein Muschelkalkberg bei Witzenhausen, verringerte in der gleichen Zeitspanne seinen Eibenbestand von 800 auf 481 Exemplare, also um 40 Prozent. Das Alter der Bäume ist sehr schwer einzuschätzen, da sie oft büschelförmig gemeinsam aufgewachsen sind und sich später vereinigten. Jahrringbreiten liegen bei 0,09–0,12 Zentimeter, im Mittel 0,1 Zentimeter pro Jahr. Ab einem Alter von 150 Jahren wächst sie nur sehr langsam. Höhen von 12 Meter sind im Wald eine Seltenheit. Die dargestellten Eiben des Badensteins dürften die stärksten Exemplare im hessischen Wald sein.

Paasche-Linde

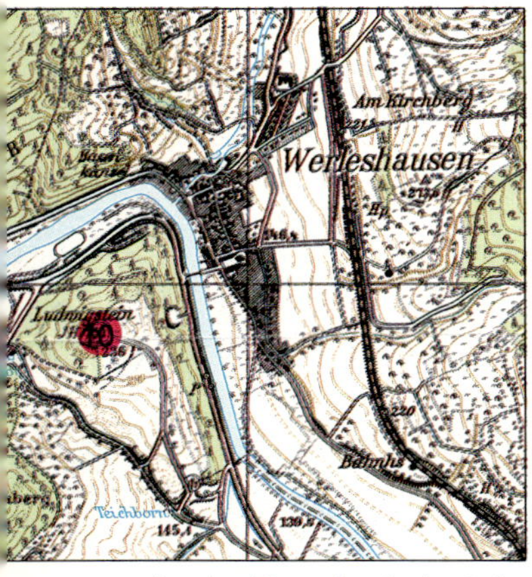

An der Burg Ludwigstein a.d. Werra bei Witzenhausen-Wendershausen steht die Sommerlinde.

Hans Paasche, pazifistisch eingestellter Führer der Jugendbewegung vor dem Ersten Weltkrieg, ist der Namensgeber dieser imposanten Sommerlinde. Der 28 m hohe Baum hat einen Umfang von 673 cm und ist etwa 300–400 Jahre alt.

Über die Geschichte dieser bemerkenswerten Baumpersönlichkeit läßt sich in der Broschüre »Waldlehrpfad Ludwigstein« folgendes nachlesen: »Dieser imposante Baum trägt den Namen ›Paasche-Linde‹ zum Andenken an Hans Paasche, einen vor allen Dingen pazifistisch und antialkoholisch eingestellten Führer der Jugendbewegung vor dem Ersten Weltkrieg, welcher in den innerdeutschen Kämpfen nach dem Kriege umgekommen ist. Der niedrige Stamm mit den hervorstehenden Wülsten, die schon in Mannshöhe einsetzende Zerteilung der mächtigen Krone deuten darauf hin, daß es sich hier wahrscheinlich nicht um einen einzelnen Stamm, sondern um die zusammenhängenden Stockausschläge nach dem Abhieb des älteren Baumes handelt, über deren Alter sich keine genaueren Angaben machen lassen.«

Abschieds-Linde bei Kammerbach

Die 300 Jahre alte Sommerlinde in der Gemarkung Kammerbach steht auf einer Anhöhe, wo einst die Soldaten von ihren Angehörigen verabschiedet wurden, als sie während des Deutsch-Französischen Krieges 1870/71 zur Garnison Kassel marschierten. Bereits 1823 sollen an dieser 22 Meter hohen Linde die nach Amerika auswandernden Bürger von Kammerbach Lebewohl gesagt haben. Der Stamm des Baumes hat einen Umfang von 530 Zentimeter.

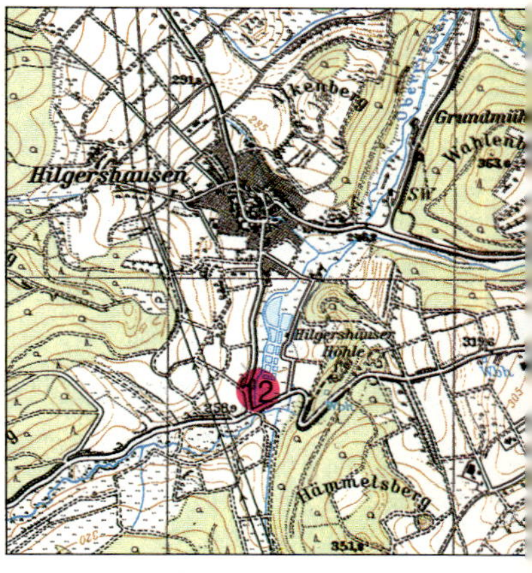

An der Straße von Kammerbach nach Dudenrode steht die Abschieds-Linde.

Bäume des Bergparks Wilhelmshöhe

Von der Stadtmitte Kassels führt eine schnurgerade Straße zum Bergpark Wilhelmshöhe.

Der weltbekannte Park gilt als der größte Bergpark Europas und wird als dendrologisches Kleinod geschätzt. Unmittelbar an Kassel angelehnt, mit einer schnurgeraden Straßenachse von der Stadtmitte bis hin zu der kolossalen Figur des Herkules verbunden, geht dieser Landschaftsgarten fließend in die Laubwälder des Habichtswaldes über und überwindet einen Höhenunterschied von 300 Metern. Inmitten des Parks, an der Stelle eines früheren Klosters, ließ der Landgraf Moritz 1606 ein Jagd- und Sommerschloß errichten, das ursprünglich mit barocken Gartenanlagen verziert werden sollte. Wasserspiele, Pavillons und Grotten erinnern noch heute daran. Unter Landgraf Friedrich II. (1760–1785) setzte sich die Idee des englischen Gartens durch, die keine künstlichen Gebilde duldete und die Schönheit der Natur auch in Gärten erleben lassen wollte. Sein Nachfolger, Landgraf Wilhelm IX., setzte nach 1785 die Idee in die Wirklichkeit um und entwickelte sie weiter zu der Ausgestaltung eines Landschaftsparkes, der bis 1793 endgültig gestaltet war. Ihm ist auch der Name Wilhelmshöhe zuzuordnen. Neben einheimischen Baum- und Straucharten haben nordamerikanische und ostasiatische Florenelemente Heimat in diesem Park gefunden; besonders reichhaltig ist das Angebot an Varietäten. Während das Verzeichnis 1785 431 Gehölzarten aufführt, weist der jetzige amtliche Führer auf 500 Arten, Unterarten und Varietäten hin. Die Auswahl hier beschränkt sich auf zwei Bäume, die Hinweise auf später aufgeführte geben und zu weiteren Baumbesuchen im Bergpark Wilhelmshöhe anregen sollen.

Landgraf Wilhelm der IX. (unten) realisierte zwischen 1785 und 1793 eine Idee seines Vorgängers Landgraf Friedrich II. und gestaltete den Landschaftspark Wilhelmshöhe. Neben zahlreichen einheimischen Baum- und Straucharten haben hier insbesondere nordamerikanische und ostasiatische Florenelemente eine Heimat gefunden. Die ca. 160 Jahre alten Gingkobäume (rechts) sollen die ältesten Hessens sein.

Am Brunnen vor dem Tore

Am Zimmersbrunnen in Allendorf steht eine 22 m hohe Linde, die erst 1914 gepflanzt wurde.

Bis zum 12. Mai 1912 stand hier eine fast 700jährige Linde, die in Kombination mit dem Brunnen den Dichter Wilhelm Müller zu dem Text »Am Brunnen vor dem Tore« anregte. Dieses Gedicht wurde, von Franz Schubert 1827 vertont, zu einem der bekanntesten Volkslieder. Die alte Linde wurde durch einen Sturm entwurzelt. Die Neupflanzung der Linde war erst 1914 erfolgreich.

»*Am Brunnen vor dem Tore*
da steht ein Lindenbaum,
ich träumt' in seinem Schatte
so manchen süßen Traum.
Ich schnitt in seine Rinde
so manches liebe Wort,
es zog in Freud' und Leide
zu ihm mich immerfort.

Ich mußt' auch heute wandern
vorbei in tiefer Nacht,
da hab ich noch im Dunkel
die Augen zugemacht.
Und seine Zweige rauschten,
als riefen sie mir zu:
Komm her zu mir, Geselle,
hier find'st du deine Ruh!

Die kalten Winde bliesen
mir grad ins Angesicht,
der Hut flog mir vom Kopfe,
ich wendete mich nicht.
Nun bin ich manche Stunde
entfernt von jenem Ort,
und immer hör' ich's rauschen:
du fändest Ruhe dort.«

Wilhelm Müller

Die Sichelbacher Hutebuche auf dem Kasseler Golfplatz ist der letzte Rest eines alten Buchenhutebestandes. Der 25 m hohe, etwa 300 Jahre alte Baum wird im Forstbotanischen Merkbuch von 1905 mit einem Umfang von 524 cm angegeben. Heute beträgt dieser Wert bereits 595 cm – knapp 1 cm Dickenwachstum pro Jahr. Das Foto links unten zeigt die etwa 300 Jahre alte Dorflinde in Simmershausen am Kriegerdenkmal. Früher galt dieser Ort als Thingstätte und Versammlungsplatz. An dieser Stelle verkündete auch der Gemeindediener die Bekanntmachung des Bürgermeisters. Foto rechts unten zeigt die 200jährige Eiche im Landgrebschen Park zu Vellmar. Der mächtige Baum hinter dem Festplatz ist in etwa 3 m Höhe in viele Achsen straußförmig aufgefächert und erreicht dadurch einen Kronendurchmesser von 30 m.

Die Altfichte am Glasofen im Forstamt Witzenhausen (Abt. 72 B, Gemarkung Forstgutsbezirk Kaufunger Wald – Schlüsselrain im oberen Niestetal) ist mit ihren rund 250 Jahren vermutlich die stärkste und älteste Fichte Nordhessens. Ihre unteren Äste wirken in Stärke und Verzweigung wie eigene Fichtenbäume, so daß sie den Typ eines gestandenen und bewährten »Tannenbaums« verkörpert. Der umgebende Bestand ist 172jährig, mit einem Stammdurchmesser, der um mindestens ein Drittel niedriger liegt. Der erste Fichtenanbau im Kaufunger Wald wurde um 1812 registriert! Die Fichte steht an einem alten Glashüttenstandort. Ein Glasofen wurde etwa 150 m bachabwärts freigelegt. Die Glasverhüttung wurde von dem Landgrafen Philipp dem Großmütigen im hessischen Teil des Kaufunger Waldes 1551 abgeschafft. Trotzdem wird eine Hütte im Niestetal noch 1647 erwähnt. Sie muß auch noch später existiert haben, denn 1686 wird ein Glasmacher im Kirchenbuch registriert. Es ist durchaus vorstellbar, daß auf einem ehemaligen Holzköhlerplatz die Fichte aus dem nicht zu fernen Thüringer Wald eingeflogen ist und hier ohne Konkurrenz der Buchen aufwachsen konnte.

Vom Knüll bis Meissner

An steilen Muschelkalkhängen kommen Gräser und Blütenpflanzen vor, die sonst nur südlich der Alpen bekannt oder gar aus mediterranen Gebieten eingewandert sind.

Fulda im Westen und Werra im Osten prägen ebenso dieses nordhessische Bergland wie die Hügel und Mittelgebirge mit ihren vielgestaltigen Geländeformen und geologischen Formationen. Die wechselhaften Böden tragen eine weit gefächerte Baum-, Strauch- und Krautflora mit seltenen Florenelementen. So findet man im Werragebiet das größte Vorkommen der in Hessen urwüchsigen Eiben, die sich mit starken Einzelstämmen, aber auch in größeren Ansammlungen erhalten konnten. Der Knüll wird wie Vogelsberg und Rhön von seinen Basaltdurchbrüchen geprägt, die das in tieferen Lagen sichtbare Buntsandsteinmassiv durchstoßen haben. Der Seulingswald ist ein stilles, fast einsames Waldgebiet zwischen Fuldatal im Westen und Werratal im Osten, von der Vorderrhön nach Norden streichend. Im Süden bilden der langgestreckte Landecker (511 m) und der dreigipfelige Dreienberg (524 m) als Muschelkalkschollen mit ihren Plateau- und steilen Hanglagen ein vegetationsreiches, im Frühjahr besonders üppig blühendes Wald-Wiesengebiet. Der Nordteil besteht aus einer einzigen Buntsandsteinscholle, in die von allen Seiten Täler einschneiden. Die Landschaft an der mittleren Werra, ein besonders ansprechendes Tal, zeichnet sich durch eindrucksvolle vielgestaltige Geländeformen und wechselnde geologische Formationen aus. Von Natur aus kommen die artenreichen Laubmischwälder vor, die heute wieder bevorzugt nachgezogen werden. Der Meissner, der König der nordhessischen Berge und Sitz der Märchenfigur Frau Holle, erhebt sich steil über das hügelige Zechsteinvorland auf 750 m. Über dem Buntsandsteinsockel liegen tertiäre Schichten, insbesondere bis zu 50 m mächtige Braunkohlenflöze, die

seit Jahrhunderten genutzt werden. Sie sind von starken Basaltdecken überlagert. Die Hänge des Meissners werden von üppigen Buchen-, Eichen- und Edellaubmischwäldern bestockt, die in größeren Höhen in Bergmischwälder übergehen. Das etwa 4 Kilometer lange und 2 Kilometer breite Plateau wurde als Stätte der Jugendbewegung bekannt und ist heute als Naturpark ein beliebtes Wander- und Skigebiet.

Der Knüllwald, die östliche Fortsetzung des Knüllgebirges, wird geprägt von artenreichen Laubmischwäldern, in denen sich manch alter und liebenswerter Baum befindet.

Linde Schloß Spangenberg

Die Linde steht auf der Bastion vor dem Schloß. Im ältesten Siegel der Stadt Spangenberg, mit Abdrucken seit 1317, steht bereits das heutige Wappen.

In ihrer Gestalt entspricht dieses Naturdenkmal den alten Tanz- und Festlinden. Von dieser Bastion hat man einen sehr schönen Blick auf Spangenberg und das umgebende Hügelland. Die Burg Spangenberg wurde ab 1214 von den Grafen von Treffurt erbaut, die sich kurze Zeit später Herren von Spangenberg nannten. 1350 ging der Besitz an die Landgrafen von Hessen über, die hier zeitweise regierten, aber immer regelmäßig die Burg als Jagdschloß benutzten. Die Wehrburg mit ihren starken Mauern und tiefen Gräben hat manchen Sturm erlebt. Die Preußische Staatsforstverwaltung baute sie 1906 und 1907 zu einer ihrer Forstschulen aus. Bis 1939 wurden hier Förster ausgebildet. Im letzten Kriegsjahr wurde die Burg durch Brandbomben zerstört, aber bald wieder aufgebaut. Die jagdliche Tradition wird durch ein Jagdmuseum der Stiftung Hessischer Jägerhof fortgeführt. Die Bastion, auf der die Winterlinde wächst, muß zwischen 1627 und 1637 erbaut worden sein, denn sie ist in einem Stich von Merian aus dem Jahr 1637 gut zu erkennen, während sie auf den Bildern von Dillich – um 1600 – noch fehlt. Die Linde dürfte nach dem Bau der Bastion gepflanzt worden sein.

Der 350 Jahre alte Baum verleiht der trutzigen Burg eine freundliche Atmosphäre. Er ist 15 m hoch, hat einen Umfang von 460 cm und ladet seine Krone 20 m breit aus.

Hammundes-Eiche

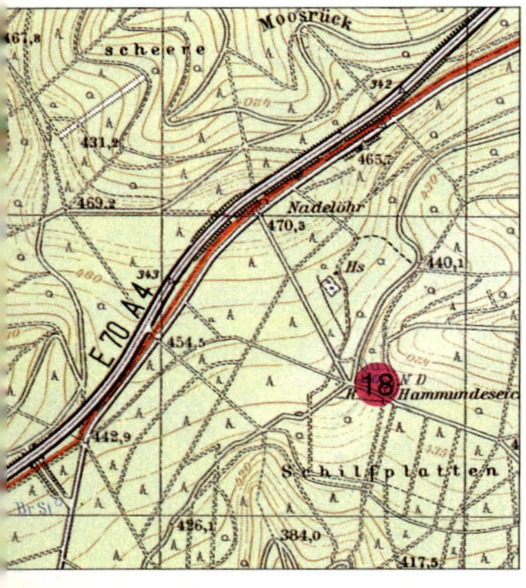

Der Baum steht als Naturdenkmal im Forstamt Heringen (Abt. 520 b) der Gemarkung Friedewald.

Mit einem Alter von über 1000 Jahren und einem Umfang von 710 cm, einem Kronendurchmesser von 20 m und einer Höhe von 25 m gehört dieses Naturmonument zu den eindrucksvollsten Erscheinungen unter Hessens grünen Riesen.

Die Eiche steht an dem Platz des wüst gefallenen Dorfes Hammundeseiche neben dem heute noch vorhandenen Dorfbrunnen. Hammundeseiche, ein etwa 20 Höfe umfassendes Dorf, 440 Meter hoch gelegen, wurde vom Abt von Hersfeld im frühen 10. Jahrhundert gegründet, so berichtet die Chronik. In Sichtweite des Dorfes lag der Weiher und stand die dicke Eiche. Bei den Ausgrabungen durch den Landesarchäologen 1970 bis 1972 fand man die Grundmauern der Kirche, die 1141 vollendet und durch das Bistum Würzburg geweiht worden war. Die Grundmauern mit der halbkreisförmigen Apsis wurden bis zur sichtbaren Höhe aufgemauert, außerdem wurden Gräber, ein Brennofen mit Scherben und ein Backofen freigelegt. 1312 wird der Ort – wie viele Dörfer im Seulingswald – als verlassen gemeldet. Nach diesen Ausführungen müßte die Eiche weit über 1000 Jahre alt sein, denn es ist unwahrscheinlich, daß sie ihren Namen für eine Siedlung gegeben hätte, wenn sie nicht damals schon eine beträchtliche Größe erreicht und eine markante Gestalt gehabt hätte.

Dorflinde in Schenklengsfeld

Die Linde wächst direkt im Ortskern von Schenklengsfeld.

Die Außenäste dieses Naturdenkmals sind waagrecht gezogen und liegen auf einem Gebälk, das entlang der runden Umgrenzungsmauer geführt ist. Im Inneren dieses Lindendomes haben sich Äste aufrecht gestellt und wachsen normal hoch. Der Umfang des auf einem Gerüst von etwa 80 Balken liegenden Geästes beträgt mehr als 100 Meter. An der Linde steht ein Stein mit der Aufschrift »Gepflanzt im Jahre 760«. Nach Angaben von T. Rosskopf (»Das Landinger Amt im Kreise Hersfeld« 1964) soll die Linde gleich mit der Errichtung der Kapelle für den Ritter St. Georg, den die Bewohner des Ortes Lengsfeld zum Schutzheiligen erhoben hatten, gepflanzt worden sein. Damit wäre sie älter als 1000 Jahre. Der Überlieferung nach sei sie früher ein starker Baum gewesen, der durch einen Blitzschlag in vier Teile aufgespalten worden sein soll. Bis in die Mitte des vorigen Jahrhunderts fanden unter dieser Linde die Rügegerichte statt, die von Karl dem Großen eingeführt worden waren. Hier wurden von den Gemeindevertretungen die Feldfrevler verurteilt und an den Pranger gestellt, das heißt sie wurden an einen unter der Linde angebrachten Pfahl (Löngestock) ein oder mehrere Stunden, oft sogar einen ganzen Tag angekettet. Im Schatten der Linde wurden die Jahrmärkte abgehalten und fanden auch die dörflichen Tanzvergnügungen statt.

Mit der Errichtung der Kapelle für den Ritter St. Georg, den die Bewohner von Lengsfeld zum Schutzheiligen erhoben hatten, soll auch diese Linde gepflanzt worden sein. Noch bis zur Mitte des vorigen Jahrhunderts wurden im Schatten dieses Riesen die sogenannten Rügegerichte abgehalten.

Aus einem einzigen Wurzelstock haben sich vier Stämme entwickelt, die in über 1000 Jahren diesen imposanten Lindendom geschaffen haben. Die äußeren Äste sind waagrecht gezogen und liegen auf einer Balkenkonstruktion mit einem Umfang von rund 100 Meter.

»

Das Heimatland

Kein schöner Land in dieser Zeit
als hier das unsre weit und breit,
wo wir uns finden
wohl unter Linden zur Abendzeit.
Da haben wir so manche Stund
gesessen da in froher Rund
und taten singen;
die Lieder klingen im Eichengrund.
Daß wir uns hier in diesem Tal
noch treffen so viel hundertmal,
Gott mag es schenken,
Gott mag es lenken, er hat die Gnad.
Nun, Brüder, eine gute Nacht!
Der Herr im hohen Himmel wacht;
in seiner Güten
uns zu behüten, ist er bedacht.

«

Anton Wilhelm
Florentin von Zuccalmaglio

Königseiche bei Remsfeld

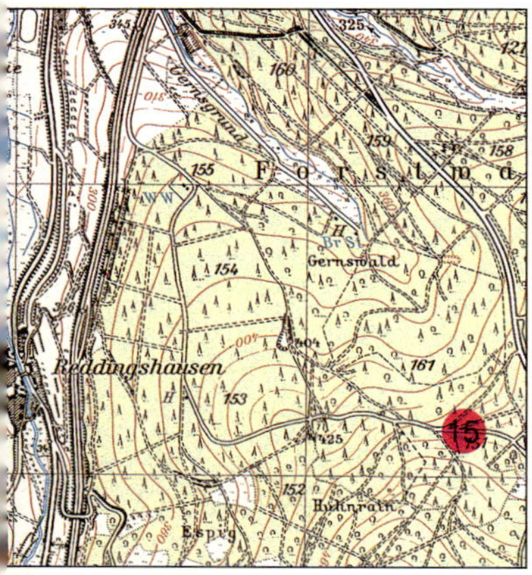

Die Eiche im Forstamt Knüllwald (Abt. 40 c) gehört zur Revierförsterei Remsfeld-Königreich.

Der Forstort Königreich ist gleichlautend mit einem Weiler, der noch vor dem Dreißigjährigen Krieg bewohnt und bewirtschaftet war. Im 18. Jahrhundert haben die Bauern von Remsfeld das Land bestellt. Diese baten den Landgrafen Carl um die Genehmigung zur Neubegründung des Dorfes, was dieser 1727 ablehnte. 1775 wird der Forstort von dem Oberjägermeister von Spiegell als »Hutedriesch« beschrieben, 1864 war er offener Huteort mit wenigen Alteichen. Die Königseiche erinnert an die alte Wüstung. Sie ist ein stark wulstiger Stamm, innen hohl bis 4 Meter, dann morsch bis etwa 8 Meter, dort aufgeteilt in zwei Kronenteile, wobei der nach Süden ragende Arm ebenfalls stark morsch ist, einzelne Äste in der Krone absterbend.

Das Alter wurde auf 300 bis 400 Jahre geschätzt; mit 21 m Höhe und 550 cm Umfang macht die Königseiche ihrem Namen alle Ehre.

Kandelaber-Linde bei Remsfeld

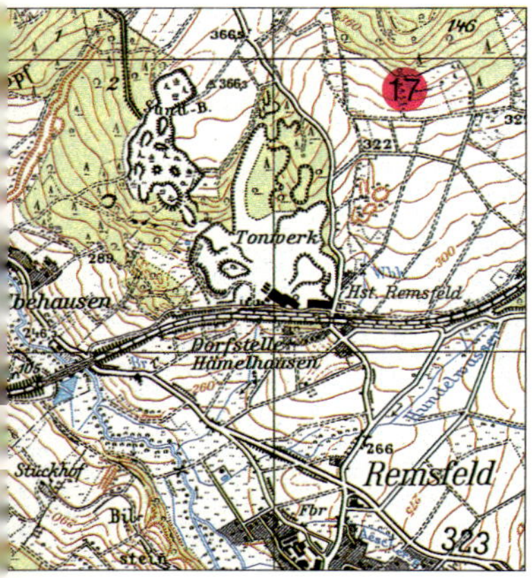

Die Linde liegt im Forstamt Knüllwald (Abt. 146 A), Forstort Ameiser bei Remsfeld.

Dieser 25 m hohe Baum hat trotz der bedrängten Lage mitten in einem Fichtenbestand nichts von seiner Lebenskraft verloren. Die aus seinem Wurzelstock wachsenden Stämme sind schon heute respektable Nachkommen.

Im Stamm ist die alte Linde mehrfach aufgeteilt, wobei ein Baum bogenförmig wieder zur Erde herabwächst und der andere sich so stark verjüngt hat, daß ein Trieb in die Spitze aufragt. Aus dem Wurzelstock kommen drei normal entwickelte Bäume hoch, die wesentlich jünger sind als der alte Lindenbaum. Das Naturdenkmal wurde in den fünfziger Jahren gelöscht. Von dem umgebenden ca. 80jährigen Fichtenbestand wird die alte Linde stark bedrängt. Vermutlich handelt es sich bei diesem Baumrecken um eine alte Dorflinde aus der Wüstung Gerwinshain, eine der ältesten Siedlungen im Knüll an der »Alten Landstraße« Homberg – Hersfeld. Das Dorf wurde 1114 als Besitz Hersfelds erwähnt und nach der Bürger- und Schöffenfamilie von Gerwinshain benannt. Später ging es als Schenkung an das Kloster St. Georg zu Homberg über. Im Jahre 1232 wurde es als Wüstung bezeichnet und später trotz mehrfacher Bemühungen nicht wieder aufgebaut. Die Linde könnte also mindestens 750 Jahre, möglicherweise bis 870 Jahre alt sein.

Heiligger Hain

Wo einst eine alte Kirche stand, hat sich eine Gruppe von neun Buchen und vier Eichen – allesamt hoch betagt – angesiedelt. Möglicherweise handelte es sich um den ehemaligen Dorfplatz der Wüstung Gerwinshain. Alle Bäume des Heiligen Hains dürften 300 bis 500 Jahre alt sein. Die meisten von ihnen erreichen eine Höhe von 25 Meter und einen Stammumfang von etwa 4 Metern.

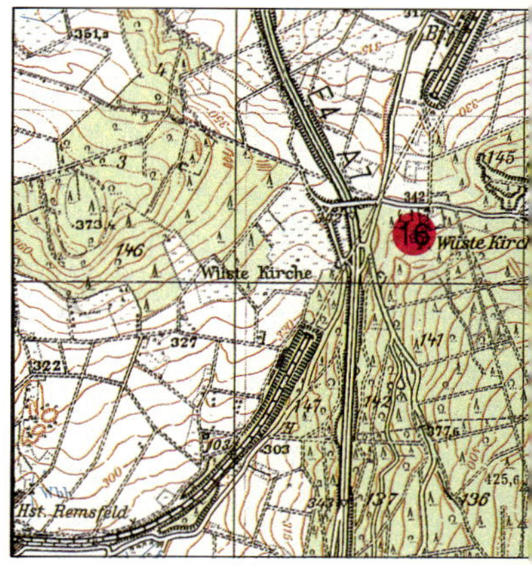

Unmittelbar an der Bundesautobahn im Forstamt Knüllwald (Abt. 142) steht die Baumgruppe bei der »Wüsten Kirche«.

Linde am Dorfbrunnen in Soislieden

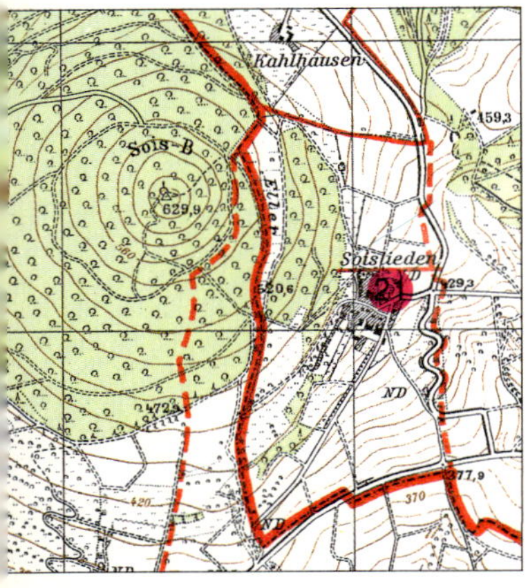

Im Ortsteil Soislieden der Gemarkung Mansbach steht neben dem Christlichen Erholungsheim diese alte Linde.

Ein Naturdenkmal von bizarrer Gestalt: Der Stamm ist innen hohl, in diesem Hohlraum wachsen zwei weitere Linden auf, sind miteinander verbunden und umstellt von mehreren Bäumen, die nur noch aus Rinde bestehen. Auch diese sind mehrfach miteinander verwachsen und ausgehöhlt. Über diesen Stammruinen steht eine voll belaubte Krone. Die Entstehung dieser ungewöhnlichen Sommerlinde könnte auf zweierlei Weisen erklärt werden: Mehrere Linden wuchsen gleichzeitig miteinander auf engem Raum auf, die sich in Rinde und Ästen vereinigt haben. Es könnte aber auch sein, daß sich aus einem alten Lindenwurzelstock mehrere Schößlinge zu Bäumen voll entwickelt haben und zusammengewachsen sind. In jedem Fall ist es ein Baum zum Nachdenken! In der Nähe dieser Linde stehen Einzelbäume und Lindengruppen, meist noch recht jung, die mit den alten schönen Fachwerkhäusern ein ansprechendes Ensemble bilden.

Dank umfangreicher Konservierungsmaßnahmen ist dieser Recke mit seinen 23 m Höhe und einem Umfang von 486 cm noch immer eine beeindruckende Baumpersönlichkeit. Eine genauere Altersangabe ist allerdings nicht möglich; doch mögen etliche Jahrhunderte an dieser Linde vorübergegangen sein.

Dorflinde in Erdmannrode

Als 1512 der Grundstein für die alte Fachwerkkirche gelegt wurde, dürfte auch die Linde gepflanzt worden sein. Sie ähnelt in ihrem Erscheinungsbild der Linde im benachbarten Schenklengsfeld, ist nur wesentlich jünger, etwa 500 Jahre alt, 20 Meter hoch und hat einen Kronendurchmesser von 24 Metern.

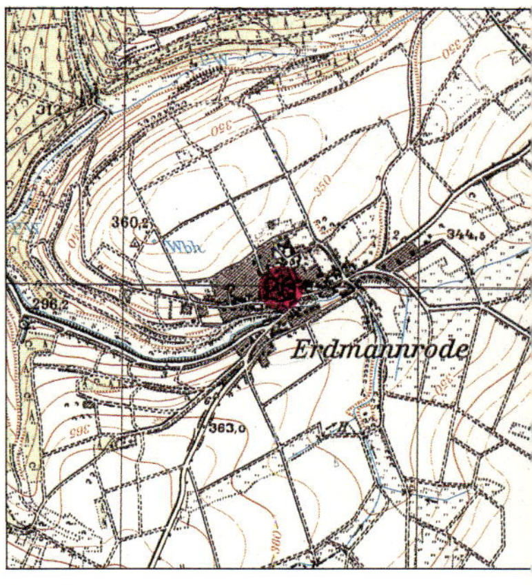

Im Ortsteil Erdmannrode, Gemarkung Buchenau, steht die Linde vor der Kirche am Dorfplatz.

Linde vor der Burg Herzberg

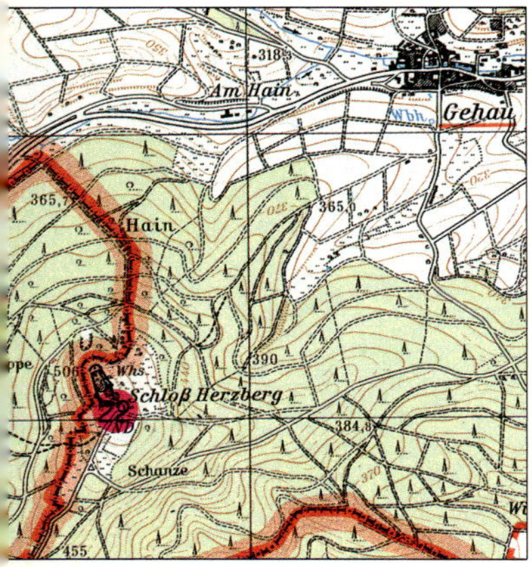

Die Burg Herzberg gehört zur Gemarkung Gehau. Unser Baum steht am Parkplatz vor der Burg.

Der wuchtige, stark gefurchte Stamm mit der weit ausladenden Krone läßt die 340 Jahre ahnen, die er an diesem Platz steht. Mit rund 27 m Höhe zählt diese Linde zu den größten ihrer Art.

Die Linde, ein mächtiger, stark gefurchter Stamm mit vielstämmiger, aufstrebender Krone, wurde zu Ausgang des Dreißigjährigen Krieges von Freiherr von Dörnberg als Dank für den Frieden gepflanzt. Die Burg Herzberg, zu Ende des 13. Jahrhunderts erbaut, seit 1477 im Besitz der Freiherrn von Dörnberg, wurde 1480 bis 1494 zu einer gewaltigen Festungsanlage ausgebaut, die im 18. Jahrhundert weitgehend zerstört wurde. Die gut renovierte Festung kann besichtigt werden und bietet von den Zinnen herrlich weite Ausblicke.

Ein markanter Baum ist die Sippershäuser Linde (Abb. linke und rechte Seite oben) am Fußballplatz, mit einem geschätzten Alter von 400–500 Jahren. Die sanierte Winterlinde lädt mit ihrem weit ausladenden Dach von 24 m Durchmesser und einer steinernen Sitzgruppe zum Verweilen ein.

Im Forstort »Die Struth« (Forstamt Neukirchen/ Försterei Winscherode, Abt. 230 B) wächst diese Süntelbuche, die etwa 200 Jahre alt und 12 m hoch ist (Abb. links unten). Die Tanzbuche bei Malsfeld steht im Kirschberg oberhalb der B 3 (Abb. rechts unten). Seit der Jahrhundertwende gilt der Platz unter dem Baum als Tanzplatz für Malsfeld und die umliegenden Dörfer. Früher war sie eine Hutebuche. Bei einer Höhe von 28 m, einem Umfang von 570 cm und einem Kronendurchmesser von 32 m wird der etwa 250jährige Baum zu einem lebenden Denkmal.

Ein Naturdenkmal ganz besonderer Art stellt die »Tausendjährige Eiche bei Rückershausen« dar. Die nach neuesten Beurteilungen auf 600–800 Jahre geschätzte Traubeneiche wirkt wie ein Fabelbaum. Ein Teil der Krone ist völlig abgestorben, der andere lebt im oberen Bereich mit belaubten Zweigen. Viele Höhlenbrüter haben hier ihre Brutstätte – Höhe 22 m, Umfang 660 cm, Krone 8 m.

Zwei Bäume wachsen ein Leben lang miteinander auf, berühren sich, weichen wieder auseinander, drängen erneut zusammen – »das verzauberte Liebespaar« – um schließlich für ein Stück des Lebensweges verbunden zu bleiben: Berühren, trennen, vereinigen und sanftes lösen in zahlreichen Stämmen und Ästen. Viele Gesichter, Formen und Figuren schauen von den Stämmen und Ästen dem Liebeszauber zu. Alter 200–250 Jahre, Höhe 36 m, Umfang 524 cm, Kronendurchmesser 24 m. Forstamt Spangenberg (Abt. 24), Weissenburg.

Die Kroneneiche bei Melsungen (Forstamt Melsungen, Abt. 23 D) gilt heute als bekanntes Wanderziel. Der mächtige, in rund 250 Jahren gewachsene Stamm mit seiner weit ausladenden Krone war früher eine Hute-Eiche.

Die Rhön

Die Burglinde in Fürsteneck steht unmittelbar vor dem Eingang zur gleichnamigen Burg. Der skurrile Stamm der etwa 600 Jahre alten Winterlinde ist innen völlig hohl. Von der Burg bieten sich herrliche Ausblicke ins Rhönland – dem »Grenzland im Herzen Deutschlands«.

Der westliche Teil der Rhön liegt in Hessen. Von der alten Barockstadt Fulda, Bischofssitz und kultureller Mittelpunkt Osthessens, steigt die Rhön bis zur Wasserkuppe – mit 950 Metern der höchste Berg Hessens – über malerische Basalthügel und steile Hänge, über Äcker, Wiesen und meist kleinräumige Wälder auf. Sie zeigt nicht die Geschlossenheit eines großen Eruptionsgebietes wie der benachbarte Vogelsberg. Sie trägt vielmehr den typischen Charakter von Vulkanlandschaften, da die Basalte und Phonolithe nicht mehr als etwa 100 Meter mächtig sind und mit anderen Gesteinsarten wie Muschelkalk und Buntsandstein häufig wechseln. Der heutige Gebirgscharakter der Rhön wurde von postbasaltischen Heraushebungen entlang einer Wölbungszone vom Spessart bis zur Werra und von der Absenkung des Fuldaer Beckens geprägt. Die gewaltigen Blockmeere müssen als geologisch junge Bildungen angesehen werden. In der Südrhön wird über den Landrücken bei Schlüchtern eine Basaltbrücke zwischen Rhön und Vogelsberg sichtbar, die zugleich die Wasserscheide zwischen Rhein und Weser bildet. Die Hochrhön umfaßt das Eruptionsgebiet der Basalte, Phonolithe und Tuffe. An ihren Rändern treten Muschelkalke hervor, in den tieferen Lagen schneidet die Ulster in den Buntsandstein ein. Die Vorderrhön wird weitgehend von Buntsandstein gestaltet, aus dem Basaltkuppen so zahlreich herausragen, daß das

Auf 3000jährigem Siedlungsboden gründete 744 St. Sturmius im Auftrag des Bischofs Bonifatius das Kloster Fulda. 1114 oder 1156 erhielt Fulda bereits das Stadtrecht.

reizvolle Panorama als »hessisches Kegelspiel« bezeichnet wird. Die Rhön stellt heute ein gut erschlossenes Fremdenverkehrsgebiet dar. Der Naturpark Rhön bietet mit seinem durchdachten Wanderwegenetz dem Naturliebhaber, dem Wanderer und dem Erholungsuchenden attraktive Abwechslung: blühende Bergwiesen, schöne Aussichtspunkte, interessante geologische Aufschlüsse, letzte Hochmoore, alte Burgen, ruhige Wälder und viele alte Bäume.

Linden am Kreuzweg in Rasdorf

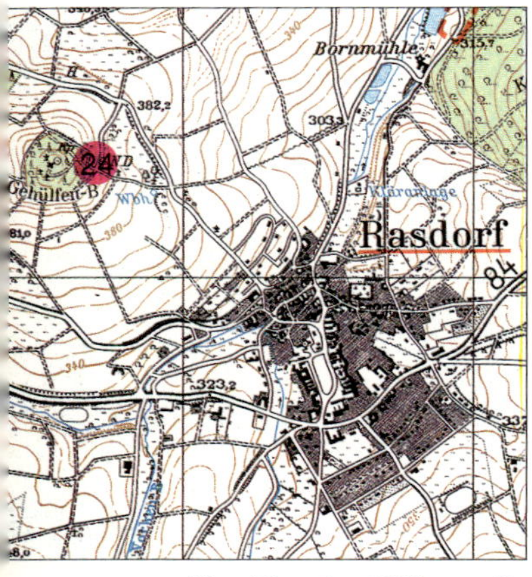

Von Rasdorf führte die Lindenallee zur Kapelle auf den Gehilfersberg. Einige alte Bäume stehen um den Heiligenstock.

Zu Beginn des 17. Jahrhunderts dürften die ersten Linden des Kreuzwegs gepflanzt worden sein. Die Pflanzungen können durchaus mit dem Bau der Wallfahrtskirche auf dem Gehilfersberg in Zusammenhang gebracht werden.

Der alte spätgotische Kreuzweg entstand zusammen mit der Wallfahrtskirche auf dem Gehilfersberg, also etwa um 1600. Der zweite Kreuzweg im barocken Stil wurde 1855 geweiht. Die ältesten Linden können durchaus um 1600 gepflanzt worden sein. Sie sind auf einem alten Stich von 1803 als starke Bäume zu erkennen. Die alte Lindenallee führte von Rasdorf zu der Kapelle auf dem Gehilfersberg. Talseitig in der Nähe des Wasserwerks und am Oberhang existieren noch einige alte Bäume. Besonders eindrucksvoll sind die drei Winterlinden und eine Sommerlinde, die um den Heiligenstock stehen.

Die alte Lindenallee führte von Rasdorf zur Kapelle auf dem Gehilfersberg.
Der spätgotische Kreuzweg wurde zusammen mit der Wallfahrtskirche angelegt, also etwa um das Jahr 1600.

In der Nähe des Wasserwerkes und am Oberhang existieren noch einige alte Bäume. Die drei Winterlinden sowie die Sommerlinde am Heiligenstock sind besonders eindrucksvoll, da die Anpflanzungen bis zum Jahre 1600 zurückreichen.

Geißbuche bei Schletzenhausen

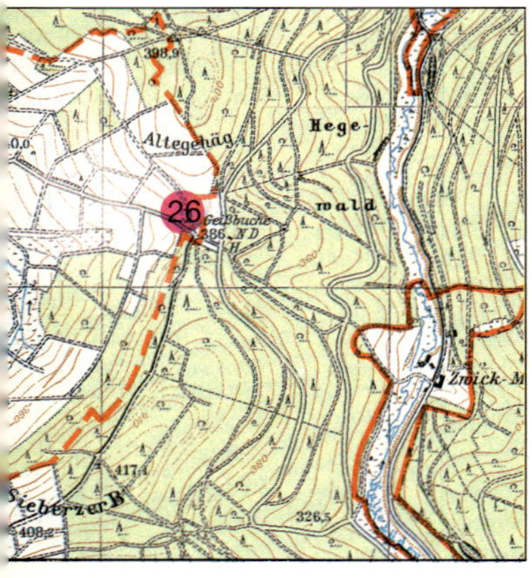

Die Buche steht am Waldrand vor Abt. 216 – Wegekreuz – und gehört zu Schletzenhausen, einem Ortsteil der Gemeinde Rosenfeld.

Der Baum hatte als markanter Landschaftspunkt am alten Handelsweg von Mainz nach Erfurt seine Bedeutung. Mit einem Umfang von ca. 425 cm ist er heute mehr denn je ein mächtiger Vertreter seiner Art.

Die Geißbuche bei Schletzenhausen galt früher als wichtige Markierung am ehemaligen Handelsweg, der die Städte Mainz und Erfurt verband. Der überaus markante Landschaftspunkt gibt dem verliehenen »Prädikat« Naturdenkmal eine nachdrückliche Bedeutung. Der Baum hat einen stark ausgeprägten Stamm, der sich in sechs Meter Höhe in eine mehrgipfelige, vollbelaubte Krone aufteilt. Bei einer Höhe von zwanzig Meter und einem Kronendurchmesser von ebenfalls rund zwanzig Meter läßt die 250 bis 300 Jahre alte Buche den Betrachter winzig erscheinen.

Ulmen am Pilgerweg in Fulda

Rest einer Ulmen-Allee, die sich in dem alten Friedhof fortsetzt. Die Ulmen sind zum Teil mit jüngeren durchpflanzt, deutlich erkennbar am Durchmesser und an der Ausfurchung der Rinde im unteren Erdstück. – Es handelt sich um einen alten Pilgerpfad zwischen Stiftskirche und Frauenberg. Die Ulmen umrahmten diesen Pilgerpfad und gaben ihm Schatten. Durch den Bau des Friedhofes ist ein großer Teil dieser Ulmen-Allee verschwunden. Auf einem Stich zu Anfang des 19. Jahrhunderts ist die Ulmen-Allee deutlich erkennbar. Die Bergulmen sind äußerlich voll gesund. Dies ist bei dem herrschenden Ulmensterben bemerkenswert.

Fulda von der Ostseite

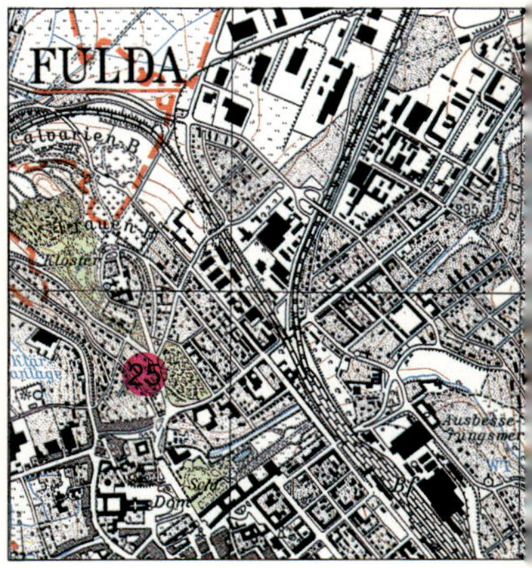

Am Eichsfeld, inmitten der Stadt Fulda, sind die Reste dieser Ulmen-Allee zu finden.

Burglinde in Fürsteneck

Rund 600 Jahre hat diese urige Winterlinde auf dem Buckel – und seit dem finstersten Mittelalter wahrscheinlich ungezählte Burgepisoden »hautnah« miterlebt.

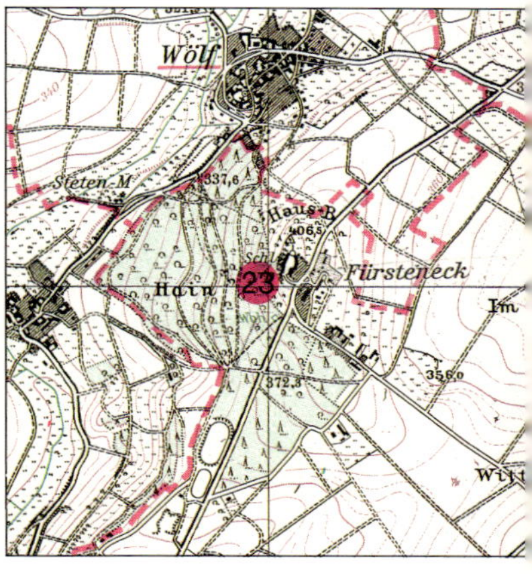

Im Ortsteil Fürsteneck der Gemeinde Eiterfeld steht diese Winterlinde unmittelbar vor dem Eingang zur Burg.

Dorflinde in Harbach

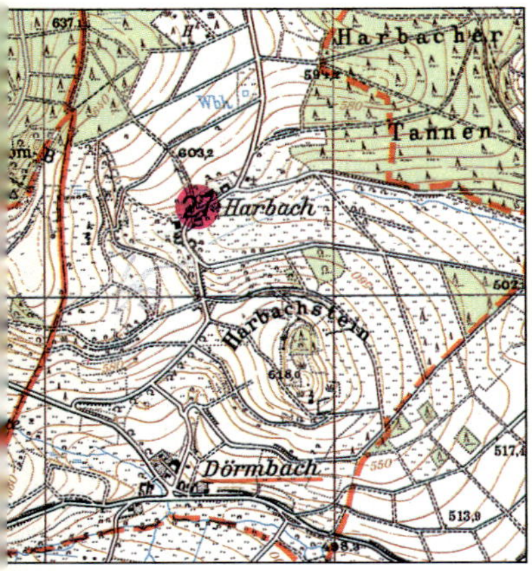

Inmitten des Dorfes Harbach (Gemeinde Hilders) steht die Dorflinde.

Die Baumgestalt (Umfan 730 cm) der rund 800 Jahre alten Linde ist gigantisch. Der Mensch erscheint winzig und unbedeutend beim Vis-à-Vis mit diesem Veteranen aus der Gründungszeit des Dorfe Harbach.

Eine starke Sommerlinde, deren Stamm auf elefantenartig festen Füßen steht und gewellt und genarbt ist. In fünf Meter Höhe war der Baum offensichtlich einmal ausgebrochen und hat sich durch viele Stammaufwüchse regeneriert. Der Erdstamm ist völlig hohl und zeigt im Inneren viele Formen und Gesichter. Aus dem Hoh raum treiben wieder Schößlinge aus Stamm und Wurzel nach oben. Die Krone ist dank ihrer vielen Zweige kugelrund und reicht bis zur Erde herab. Das erste schriftliche Zeugnis über Harbach ist eine Verkaufsurkunde aus dem Jahre 1369. Heinrich und Else von Lichtenberg verkauften ihren Besitz an Brutho und Sange von Eberstein. Die eigentliche Gründungszeit dürfte 100–200 Jahre weiter zurückliegen. Mit Sicherheit ist anzunehmen, daß die ursprüngliche Besiedelung in der Altharbach erfolgt ist. Die Linde dürfte aus der Gründerzeit des Dorfes stammen. Ende des vorigen Jahrhunderts wurde die Linde geköpft. Die starken Äste fanden Verwendung als Schnittholz und wurden zu Trögen und Holzgefäßen verarbeitet und sollen etwa 20 Festmeter umfaßt haben.

Bonifatius-Buche bei Kleinheiligenkreuz

Die Buche steht hinter der Wallfahrtskirche Kleinheiligenkreuz der Gemarkung Großenlüder.

Ein Großteil des Buchenstammes ist völlig hohl. Trotz einer umfassenden Sanierung in den letzten Jahren ist die Belaubung nicht mehr voll. Bonifatius, der dieser 400jährigen Buche seinen Namen gab, wirkte lange Jahre in Hessen. Seine letzte Ruhe fand der Missionar und päpstliche Reformator in Fulda.

Starker beuliger und tiefgeriefter Stamm mit einer breit ausladenden, vollen Krone. Der Erdstamm ist bis zu einer Höhe von 4 Metern völlig hohl. Der Baum wurde in den letzten Jahren saniert. Die Wallfahrtskirche, 1696 erbaut, liegt unmittelbar unterhalb der alten Buche, die bei der Erbauung der Kirche bereits als markanter Punkt und Wallfahrtsort hier stand. Vor der Buche befindet sich ein Kreuz mit einer Tafel aus dem Jahre 1875. Die Wallfahrtskapelle steht am Schnittpunkt der vorgeschichtlichen Antsanvia mit dem Ortesweg – an der Straße von Mainz nach Erfurt.

Die Dorflinde von Engelsberg (oben links) erinnert an das ehemalige Dorf gleichen Namens, das bereits Ende des 17. Jahrhunderts aufgegeben wurde. An der Schnepfenkapelle bei Oberbimbach stehen diese Linden (oben rechts). Die Linden wurden mit dem Bau der Wallfahrtskapelle 1775 gepflanzt. Die Zieroffeiche bei Gersfeld (unten links) erinnert an Prof. Dr. Franz Zieroff, der die wandermäßige Erschließung der Rhön entscheidend mitgeprägt hat. Auf 400–500 Jahre schätzt man die Jägereiche bei Uttrichshausen (rechts unten), die bei 16 m Höhe, einem Stammumfang von 700 cm und einem Kronendurchmesser von 14 Meter einen markanten Zielpunkt für Jäger und Wanderer darstellt. Sie wächst im Forstamt Kalbach, Forstort Jägereiche, Abt. 290.

Bereits 400–500 Jahre steht die Dorflinde in Oberbimbach (links). In 4 m Höhe teilt sich die Winterlinde vielstämmig auf. Die Einzelstämme sind mit Stahltrossen verbunden. Unter der mächtigen Krone (24 m Durchmesser) lädt ein schöner Sitzplatz zum Verweilen ein.

Westerwald bis Waldeck

Das nordhessische Schiefergebirge vom Westerwald über Rothaargebirge bis zum Waldecker Upland, mit Lahn- und Edertal und den vielen Nebenflüssen ist sowohl landschaftlich als auch stammesmäßig vielgestaltig und manche Entdeckungsfahrt wert. Viele alte Burgen und malerische Städte und Dörfer bereichern diese Landstriche. Der Westerwald ist überwiegend aus devonischem Schiefer und Grauwacke mit eingelagerten Quarzitzügen aufgebaut – Ablagerungen eines Meeres vor 350 Millionen Jahren. Sehr spät, nämlich vor 30 Millionen Jahren, brachen aus dem Erdinneren Lavamassen durch die Erdrinde und prägten mit ihren Basaltkuppen, den Tuffen oder Phonolithen die heutige Oberfläche des großen Waldgebietes, das bis auf 657 Meter – Fuchskaute – aufsteigt. Die Böden sind oft recht flachgründig und nährstoffarm. Der Eichen-Hainbuchenwald stellt die natürliche Bestockung dar, jahrhundertelang im Kurzumtrieb auch als Eichenschälwald bewirtschaftet und heute vielfach durch Nadelwälder abgelöst. Die landwirtschaftliche Anbaufläche ging in den letzten Jahrzehnten stark zurück, wurde aufgeforstet und oft auch als Brache belassen. Dem Rothaargebirge, nordöstlicher Teil des Rheinischen Schiefergebirges, Quellgebiet von Sieg, Lahn und Eder im Süden und Ruhr und Diemel im Norden, liegen die Buntsandsteingebiete des Burg- und Kellerwaldes nach Osten gegenüber. Im Nordosten greift das Rothaargebirge auf das Waldecker Land über und wird von dem hügeligen Upland abgelöst. Das Waldecker Land mit seinen schmucken Dörfern und kleinen Städten bewahrte seinen Agrarcharakter, bildet den Übergang zwischen Hessen und Westfalen und gewinnt sehr

Im Westerwald sind die Böden vielerorts flachgründig und nährstoff-rm. Der natürliche Waldbestand besteht deshalb aus Eichen und Hain-uchen, der heutige Wirtschaftswald dagegen setzt sich vorrangig aus adelhölzern zusammen. Im Waldecker Land beherrschen landwirtschaftlich genutzte Flächen das Landschaftsbild, unterbrochen von Flüssen, Bächen und Stauseen mit hohem Freizeit- und Erholungswert für die evölkerung. Die abgebildeten Bäume auf dieser eite gehören zur »Affenhoyer« bei Altenkirchen. Die fünf Linden sind 200 bis 300 Jahre alt und überschirmen einen Festplatz.

durch seine Flüsse, Bäche und Stauseen, insbesondere des vielbesuchten Edersees mit einer Staufläche von 1200 Hektar und einem Fassungsvermögen von 200 Millionen Kubikmeter. Die nordwesthessische Region zeigt manche Gegensätze – Bergbau und Heilbäder, arme Höhenzüge und fruchtbare Täler, große Wassereinzugsgebiete und trockene Schieferhänge, blühende Städte und verträumte Dörfer –, sie stellt sich mit ihren vielfältigen Landschaftsbildern aber immer ansprechend und repräsentativ dar.

Die Waschbär-Eichen

Die Waschbär-Eichen findet man im Forstamt Edertal, Abt. 287 a, Am Kirchweg.

Es ist eine Gruppe von sieben Eichen, die auf flachgründigem Boden nur langsam gewachsen ist und bei einem Alter von ca. 400 Jahren zahlreiche Höhlen trägt. Sie ist nicht besonders stark oder hoch oder in ihren Wuchsformen interessant. Vor 50 Jahren aber wurden hier am 12. April 1934 die ersten Waschbären in Deutschland ausgesetzt. Sie werden wohl anfänglich in diesen hohlen Eichen gelebt haben. Der Pelztierzüchter Haag hatte dem zuständigen Forstamtsleiter, Forstmeister Freiherr von Berlepsch, zwei Pärchen Waschbären zum Aussetzen angeboten, und dieser hatte beim Reichsjägermeister in Berlin die Genehmigung zu dieser Aussetzaktion eingeholt. So wurden am 12. April 1934 die Kästen mit den Waschbären in die Gruppe dieser 7 Eichen gestellt und geöffnet, ohne daß die kleinen zierlichen Bären die verdunkelte Behausung verließen. Erst in der Nacht haben sie den Weg zu den hohlen Eichen angetreten. Der einzige lebende Augenzeuge, der Haumeister Adam Rikus, erinnert sich, daß der erste Waschbär nach 3 Monaten in einem Fischteich ertrunken aufgefunden wurde. Erst nach einem Jahr, also offensichtlich nach einer weiteren Vermehrung, wurden die Waschbären häufiger gesehen, blieben aber bescheiden im Hintergrund.

Am 12. April 1934 sind an dieser Stelle die ersten Waschbären in Deutschland ausgesetzt worden, die wahrscheinlich in diesen Eichen lebten. In der Nachkriegszeit vermehrten sich die Waschbären so stark, daß bald der Rhein, die Donau, die Elbe und die Oder überschritten wurden. Heute sind die eingebürgerten Pelztiere gebietsweise zu einer Plage für Vogel- und Niederwildarten geworden.

Die Linde von Bermoll

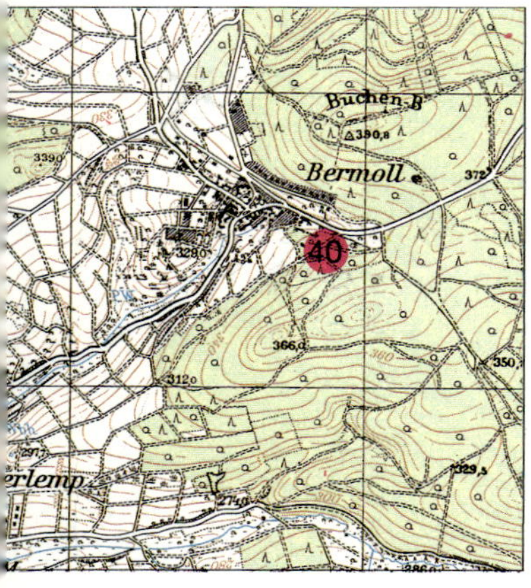

Die Linde von Bermoll ist ca. 800–1000 Jahre alt, ist 20 m hoch und hat einen mächtigen Stammumfang von 880 cm und trägt eine 20 m ausladende Krone. Sie steht in der Gemarkung Bermoll, an der Großaltenstädtener Straße.

Als würden viele Bäume zu einem Stamm zusammenwachsen, knorrig, gelebt, gelitten und doch stark geblieben – voller Wunder. Der Stamm der alten Gerichtslinde ist völlig ausgehöhlt mit Öffnungen wie Türen, so daß der Baum nur auf drei Beinen steht. Eine Ehrfurcht erzwingende Baumpersönlichkeit. Das Dorf Bermoll wurde urkundlich erstmals 1277 erwähnt. Es war ein wichtiger Verkehrspunkt, vor allem Pferdeumspannplatz mit Handelsfunktion. Hünen- und Urnengräber sind aus vorchristlicher Zeit in der Nähe bekannt.

»Wir waren sofort Freunde, die Linde und ich. Wußte sie wohl, daß ich den Zauber liebe, der auf ihrem Stamm gebannt ist? Seite um Seite blätterte ich durch das Buch ihrer Jahrhunderte, und meine Augen tasteten sich durch ihre vielen Gesichter. Herbstnebel schleierte über ihre Geheimnisse. Wie war ich aber erstaunt, als ich ihr zu anderer Zeit, bei anderem Licht begegnete Da war sie die Mächtige, die Norne, und bot das Bild einer Götterdämmerung. Zugleich aber auch war sie wie ein Dom, den man nur mit einem ehrfürchtigen Schauer betreten kann.«

(Schilderung der Künstlerin Eleonora Heine-Jundi, als sie die »Linde von Bermoll« malte.)

Alles an diesem Baum wirkt gewaltig: der Umfang des Stammes von 880 Zentimeter, der Kronendurchmesser von 20 Meter. Nahezu 1000 Jahre Eis und Schnee, Sonne und Stürme haben ihre Spuren an dem zernarbten, aufgerissenen Stamm hinterlassen. Ein Naturdenkmal entstand, das mehr als manch anderer Baum an Leben und Sterben und an Überlebenskämpfe erinnert.

»Die Baumkrankheit des 20. Jahrhunderts ist zurückzuführen auf eine Mangelerscheinung der Menschen an Ehrfurcht und Einsicht.«

R. M.

Die Buchen am Steinperf

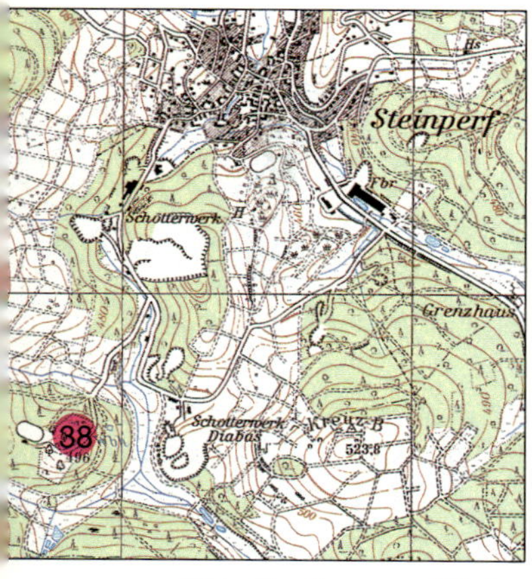

Die »Buchen am Steinperf« stehen im Forstamt Dautphetal, Abt. 418 B, Auf der Birke, unmittelbar am Sportplatz Steinperf.

In weitem Abstand stehen 25 alte Solitärbuchen auf einer Bergkuppe, ca. 250–300 Jahre alt, haben Höhen zwischen 18 und 20 Metern und Baumumfänge bis zu 420 Zentimeter. Ihre weit ausgelegten Kronen kommen auf Durchmesser bis zu 20 Meter. Wie bei Hutebuchen üblich, sind sie zur Fruchtbildung in den Kronen geköpft und deshalb stark verzweigt mit bizarren Formen. Zum Teil sind die Äste auch zusammengewachsen. Einzelne Bäume sind hohl oder haben Hohläste, jeder einzelne Baum aber ist eine eigene Persönlichkeit, die zum Nachdenken zwingt.

»Bei Steinperf stehen sie, auf einem Hochplateau, die prächtigen großen Buchen. Da sind die Buchengötter zu Haus, verweilen dort in den Wurzeln und Kronen und schmeicheln einer jeden. Etwas abseits und einsam, wie alle herausragenden Persönlichkeiten, steht die herrliche Buche. Von weitem, so scheint es, gehört sie ganz ihrem Umfeld und kann mit einem Blick abgetan sein. Sie zog mich an, mehr als die anderen. Erwartungsvoll bin ich ihr durch das hohe Gras entgegengestolpert, und bei jedem meiner Schritte türmte sie sich mehr und mehr gegen den Himmel. Erst aus der Nähe war ihre überwältigende Wucht und Kraft zu erkennen. Hoheitsvoll und gelassen lebt sie versunken in ihrer eigenen Größe, die für mich unübersehbar war.«

Die Malerin Eleonora Heine-Jundi

Die Heul-Eiche bei Weidenhausen

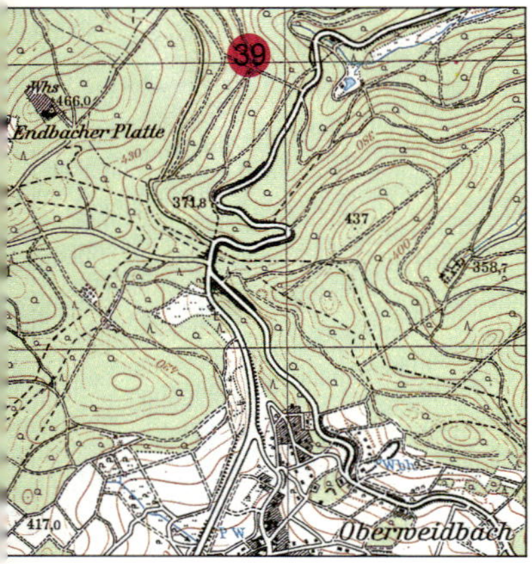

Die ehemalige Huteeiche steht an einer alten Fahrstraße auf der Höhe des Berges (Forstamt Gladenbach, Abt. 22, Gemarkung Weidenhausen).

Die Heul-Eiche bei Weidenhausen ist ein 400jähriger, knorriger Baum, dessen Kronendurchmesser 26 m beträgt. Mit einer Höhe von 21 m und einem Stammumfang von 408 cm ist sie eine markante Erscheinung auf der Höhe, wo sich die Straße nach Gießen und Frankfurt gabelt; früher war hier eine Grenzmarkierung zwischen Hessen-Darmstadt und Hessen-Kassel.

An dieser Stelle – so erzählt der Volksmund – wurden die jungen Männer übergeben, die vom Landgrafen in Darmstadt als Soldaten nach England und Nordamerika verkauft worden waren; die weinenden Mütter und Frauen blieben zurück. Daher der Name »Heul-Eiche«. Es gibt eine weitere Erklärung: Der Wortstamm Heul kann aus Heun abgeleitet sein, was Höhe bedeuten soll. In der Tat steht die Heul-(Heun)eiche, eine ehemalige Huteeiche, auf einer Höhe, wo eine Straße nach Gießen und Frankfurt abzweigt. Dieser Punkt war früher zwischen Hessen-Darmstadt und Hessen-Kassel eine Grenzmarkierung. Da die Rekruten aus dem Gladenbacher Land nach Gießen eingezogen wurden, ist auch eine Verabschiedung hier durchaus denkbar.

Alte Linde in Himmelsberg

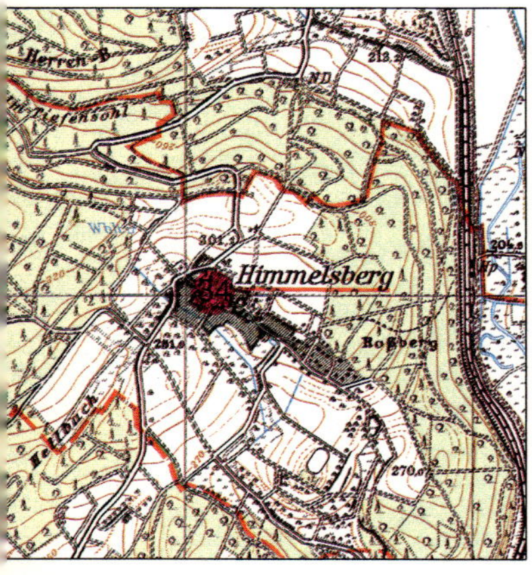

Die »Alte Linde in Himmelsberg« steht in der Stadt Kirchhain, Ortsteil Himmelsberg, vor dem Eingang der Kirche.

Die Alte Linde, 1982 gründlich saniert, wird auch »Tanzlinde« oder »Dorflinde« genannt. Wenige Meter über dem Boden wurden die Äste so weit hinausgezogen und an Pfähle gebunden, daß sie eine Plattform bildeten, auf der die Musiker zum Tanz der darunter sich bewegenden Paare aufspielten. Die beiden gestützten Seitenäste sind am Rand der Krone wieder aufgewachsen und prägen das Bild des Baumes. Die Tanzlinden kommen in dieser Gegend relativ häufig vor. In mehreren Etagen werden die Äste waagrecht gebunden und über Jahre hin so weiterwachsen gelassen, daß regelrecht Sitzplätze in unterschiedlichen Höhen entstehen. In dem nahen Dorf Erksdorf steht ebenfalls an der Kirche eine wesentlich jüngere Linde, etwa 50–80 Jahre alt, bei der man sehr schön die Etagenbildung sehen kann, insbesondere wie die Äste in die Horizontale gebracht und durch eingerammte Bäume gehalten und später abgestützt werden. Der kleine, schön gelegene Ort Himmelsberg wird 1243 zum erstenmal urkundlich erwähnt. Im Dorf hält sich der Glaube, daß diese Linde noch aus der vorchristlichen Zeit stamme und etwa 2000 Jahre alt sei. In heimatlichen Abhandlungen wird an der Behauptung festgehalten, sie stamme aus der Zeit der Ortsgründung. Immerhin ist sie älter als jedes Haus dieses Ortes.

Tanzlinden waren früher der Mittelpunkt eines Dorfes, Kommunikationszentrum und Ort für Frohsinn und Ausgelassenheit. Die »Alte Linde in Himmelsberg« ist ein 600- bis 800jähriges Naturdenkmal mit einer Höhe von 25 m, einem Umfang von 875 cm und einem Kronendurchmesser von 23 m.

Eiche am Forsthaus Sterzhausen

„Hier steht ein germanisches Heiligtum, dachte ich und näherte mich zögernd dem Riesen. In seinem Herbstlaub aber säuselte es vertraulich, und das letzte Licht webte einen milden Schimmer durch das knorrige Gezweig.“

Die Malerin Eleonora Heine-Jundi

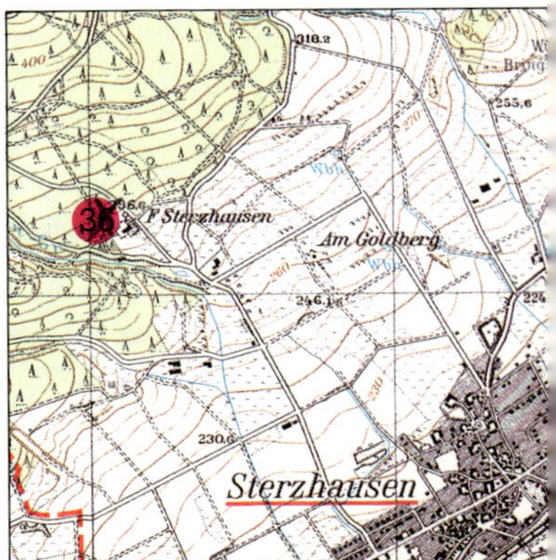

Unmittelbar am Forsthaus Sterzhausen (Forstamt Wetter) steht die ca. 400jährige, 26m hohe »Eiche am Forsthaus«.

Prinzessin-Garten-Eiche bei Jesberg

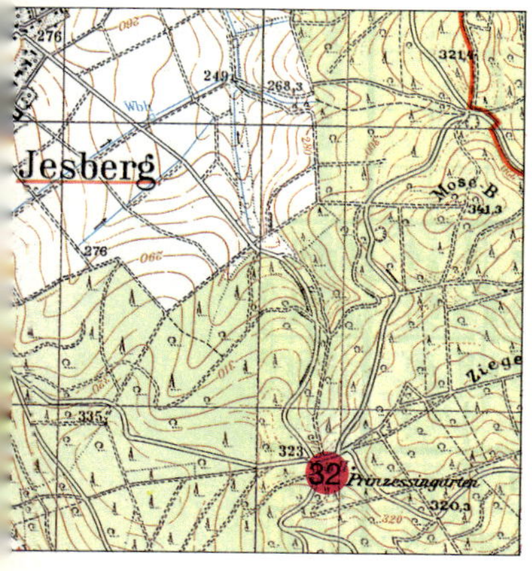

Die Prinzessin-Garten-Eiche bei Jesberg steht im Forstort Prinzessin-Garten.

Ein Baum, der durch seine alte Rinde fasziniert: tiefrissig und stark aufgewölbt, die sich auffallend vom Stamm abhebt und von einigen stark ausgeprägten Beulen, die junge Äste tragen, geziert wird. Die Krone der Traubeneiche macht mit einigen abgestorbenen Ästen und Hohlästen durchaus noch einen vitalen Eindruck. Die Faulstellen des Stammes wurden 1982 durch Waldarbeiter des Forstamtes gut saniert. Zu Anfang des 18. Jahrhunderts war hier der Spielplatz der Prinzessinnen des Landgrafen von Kassel. Deshalb ist die Eiche mit einem Kranz von Hainbuchen umstellt, die ursprünglich in Form eines doppelseitigen Ganges angelegt worden waren. Zu diesem Platz führt von dem Schloß Jesberg eine alte Eichenallee. Heute wird der schöngestaltete Waldteil zu Gottesdiensten und Waldfesten gerne aufgesucht.

In diesem Waldstück befand sich der Spielplatz der Prinzessinnen des Landgrafen von Kassel zu Anfang des 18. Jahrhunderts. Oben das Wappen von Schloß Jesb

Der Eichenhain bei Gießen

Der Eichenhain liegt im Bereich des Universitätsforstgartens nördlich der Straße Gießen–Hausen, unmittelbar am alten Forsthaus.

Die alten Eichen sollen an die Tradition der ältesten akademischen Forstausbildung in der Bundesrepublik Deutschland erinnern. Sie sind ein Teil des Forstgartens am Schiffenberg, der 1825 durch Oberforstmeister von Gall angelegt worden war und seitdem als Lehr-, Demonstrations- und Versuchsgarten der forstlichen Ausbildung diente. Er entstand gleichzeitig mit der Gießener Forstlehranstalt, die 1831 in die Universität eingegliedert worden war. Professor Hess beschreibt 1878 und 1890 sehr anschaulich diesen Forstgarten, der eine Vielzahl von Baum- und Straucharten der nördlichen gemäßigten Zonen der Erde beherbergt. Die forstliche Fakultät in Gießen wurde 1938 aufgelöst. Der forstbotanische Garten, der heute von der Staatsforstverwaltung betreut wird, blieb ein lohnendes dendrologisches Kleinod.

Der forstbotanische Garten, der heute von der Staatsforstverwaltung betreut wird, beherbergt neben zahlreichen in- und ausländischen Baum- und Straucharten auch den alten Eichenhain.

Hof-Ulme in Caldern

Ein Prachtexemplar ist diese 250 Jahre alte Ulme, auch wenn einige ihrer Zweige erkennen lassen, daß diese Baumart seit Jahrzehnten an einer zerstörerischen Pilzkrankheit leidet. Die schön gewachsene Ulme ist 25 Meter hoch und hat einen Umfang von 430 Zentimeter.

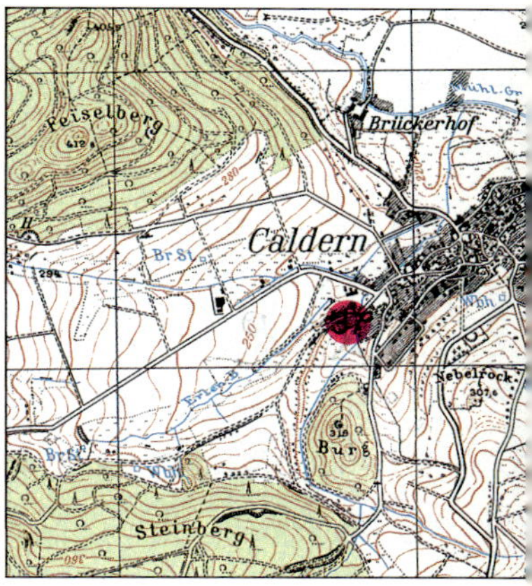

Die Hof-Ulme in Lahntal-Caldern steht auf dem Anwesen Pfeiffer, Im Erlengrund 3.

Alleen und Bäume in Arolsen

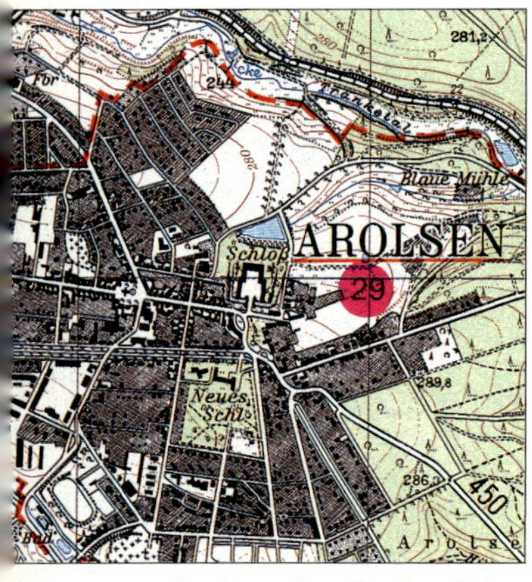

Arolsen ist die Stadt im Wald. Alleen und Bäume bestimmen das Bild. Das Wappen zeigt es deutlich.

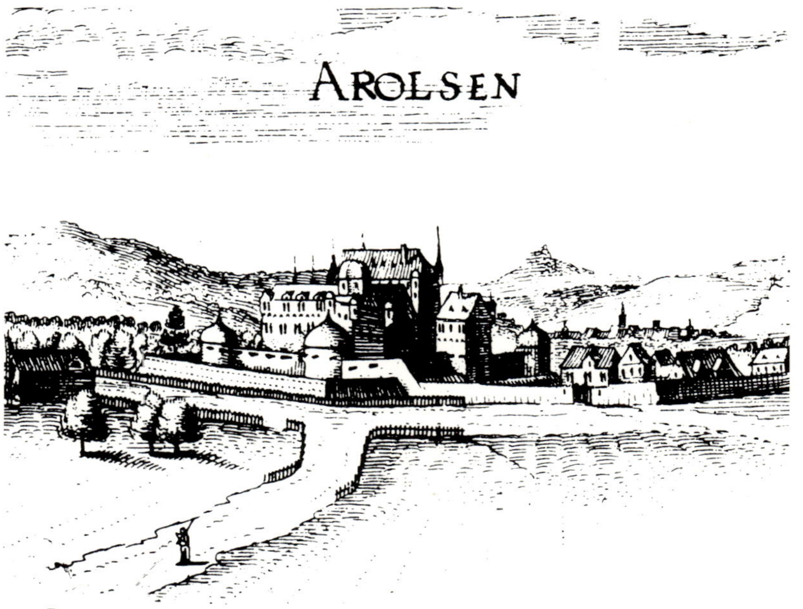

Arolsen ist eine junge Stadt. Zwar stand im 12. Jahrhundert bereits hier ein Kloster, das aber nach der Reformation wieder aufgegeben wurde. Der Reichsfürst Friedrich Anton Ulrich zu Waldeck und Pyrmont (1676–1728) veranlaßte 1719 die Stadtneugründung, erbaute das Arolser Residenzschloß, vor allem aber plante er eine Gartenstadt mit sehr vielen Grünanlagen. Neben der »Großen Allee«, die bereits sein Oheim 1676 als sechsreihige zweitausend Schritt lange Eichenallee pflanzen ließ, entstanden die Fürstenallee – vier Reihen Kastanien aus dem Anfang des 18. Jahrhunderts –, die Lindenallee, Akazienalleen und der Birkenweg. Am Stadtrand steht ein alter weitständiger Hutebestand, das »Eichentriesch«, das noch heute als Lagerplatz der jährlich stattfindenden großen Zigeunerversammlung dient. – Die »Große Allee« stellt die bedeutendste Grünanlage der ehemaligen Residenzstadt dar. Von den 888 im 17. Jahrhundert gepflanzten Eichen ist ein großer Teil erhalten. Nachpflanzungen mit Eiche, aber auch mit Linde und Kastanie, bewahren den Alleecharakter. – Die vielen Bäume und Alleen in Arolsen brachten der Stadt die Prädikate »Residenz im Grünen« oder »Die Stadt im Wald« ein. Außerhalb der Stadt, im Tiergarten, sind in einem nachgepflanzten Kiefernbestand noch zahlreiche 800jährige Huteeichen mit bizarren Formen, mächtigen Kronen und in vielen Gestalten zu bewundern.

Reichsfürst Friedrich Anton Ulrich zu Waldeck und Pyrmont gründete zu Anfang des 18. Jahrhunderts Arolsen, die »Residenz im Grünen«.

Neben der »Großen Allee«, die bereits der Oheim des Reichsfürsten Friedrich Anton Ulrich zu Waldeck und Pyrmont im Jahre 1676 als sechsreihige, 2000 Schritt lange Eichenallee pflanzen ließ, entstanden die Fürstenallee, die Lindenallee, Akazienallee und der Birkenweg.

”
Wer nie in der Morgendämmerung die Straße zwischen ihrem doppelten Saum von Bäumen gesehen hat, voll Frische, voll Leben, der weiß nicht, was Hoffnung ist.
“

Georges Bernanos

Eiche am Galgenberg in Rosenthal

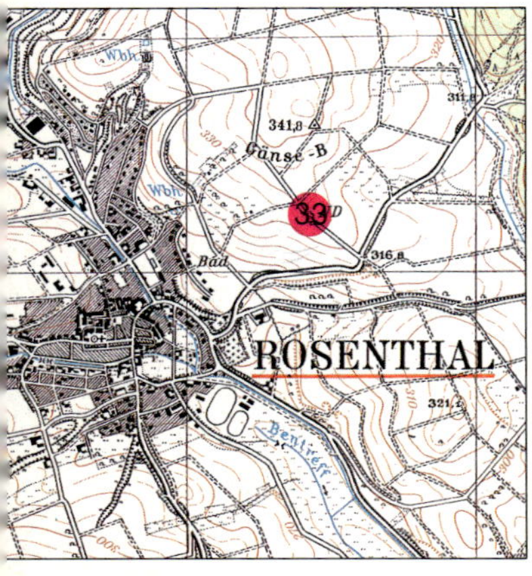

Nordöstlich von Rosenthal auf einem Hügel mitten im Feld steht die »Eiche am Galgenberg«.

Die große, starkastige, vollbelaubte Krone gilt als Wahrzeichen der Gemarkung und ist weithin sichtbar. Die Eiche diente als Galgenbaum über einige Jahrhunderte der Gerichtsbarkeit und des Strafvollzugs. Wegen seiner exponierten Lage war der Baum in Kriegszeiten Aussichts- und Beobachtungspunkt. Auch in den letzten beiden Weltkriegen wurden zu diesem Zweck spezielle Turmgerüste in den Baum eingebaut. Sie haben die Krone stark beschädigt. Der Baum wurde 1979 baumchirurgisch behandelt.

Die 500–600 Jahre alte Eiche, Wahrzeichen der Gemarkung und weithin sichtbar, diente ehedem als Galgenbaum. Der grüne Riese hat einen Kronendurchmesser von 24 m und einen Umfang von fast 7 m. Abbildung oben: Stadtwappen von Rosenthal.

Linde am Gutshof Amönau

»Abseits und würdevoll, aber wie eine Regierende, steht sie da, die Linde von Amönau.
In graue Nebel verschleiert ließ sie mich drei Tage warten, bis ich ihr den Hof machen durfte.
Endlich, in dem Augenblick, als sie im späten Herbstlicht ihre Schönheit zeigte, da fieberte mein Stift über das Papier, um alles einzufangen, was sie mir einladend darbot.
Schimmernd, nebelperlenübersät, stand sie da, in einem Hauch von flüchtigen Farben.«

Die Malerin Eleonora Heine-Jundi

In der Gemarkung Wetter, Ortsteil Amönau, steht die 300jährige, 22 m hohe Linde am Gutshof Amönau (siehe auch nächste Doppelseite).

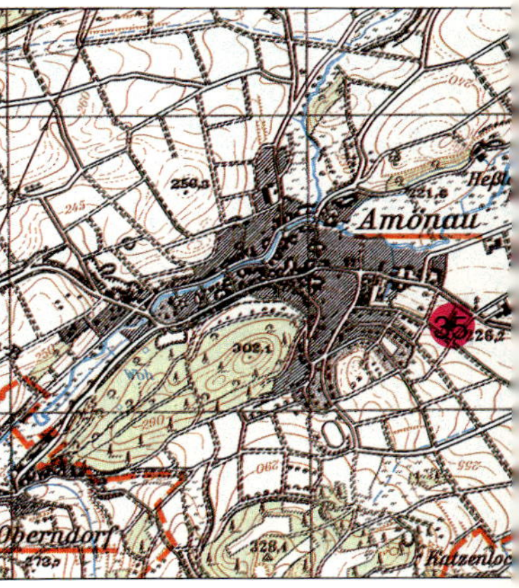

Die Süntel-Buchen bei Odershausen

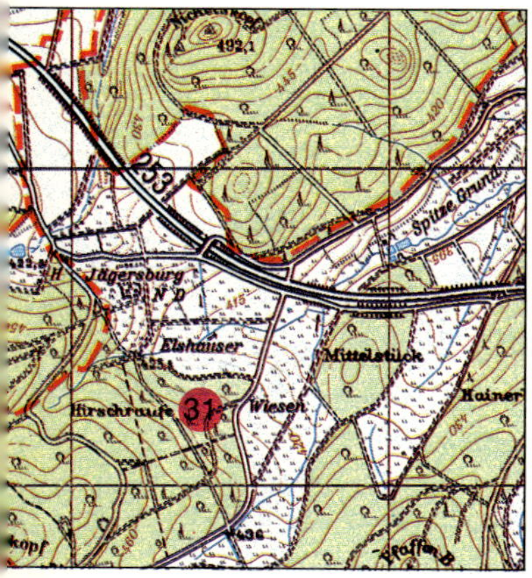

Die Süntel-Buchen bei Odershausen stehen im Forstort Hirschraufe (Forstamt Bad Wildungen).

Die typischen Merkmale der Süntel-Buchen: Stamm und Äste stark gebogen oder gewinkelt, Blätter kleiner als bei normal entwickelten Buchen, flachstreichende Wurzeln. Nach Jahrringauszählungen beträgt das Alter dieser Bäume 175 Jahre, sie erreichen Höhen von über 20 m und Stammumfänge bis zu 200 cm (siehe auch nächste Doppelseite).

Inmitten eines Buchenbestandes stehen fünf lebende und drei abgestorbene Süntel-Buchen, die wohl auf Wurzelaustriebe zurückzuführen sind. Die Bäume zeigen die typischen Merkmale der Süntel-Buchen: Stamm und Äste stark gebogen oder gewinkelt, Blätter kleiner als bei normal entwickelten Buchen, flachstreichende Wurzeln. Immerhin erreichen sie hier Höhen von über 20 Meter und Stammumfänge bis zu 200 Zentimeter. Nach Jahrringauszählungen beträgt ihr Alter 175 Jahre. Über die Entstehung dieser Süntel-Buchengruppe konnten keine Angaben gewonnen werden. Ihre Anpflanzung könnte im Zusammenhang mit der in unmittelbarer Nähe gelegenen ehemaligen Jägersburg stehen, die 1718 von dem jagdleidenschaftlichen Waldecker Fürsten Friedrich Anton Ulrich inmitten der Hirsche und Wildschweine erbaut worden war und häufig große Gesellschaften und aufregende Jagdfeste erlebt haben muß. Da es damals Sitte war, wertvolle Geschenke in Form von ausgefallenen Bäumen zu machen, könnten die Süntel-Buchen so als Fürstengeschenk den Weg ins Waldecker Land gefunden haben. Die Burg wurde 1857 auf Abbruch verkauft. Heute sind Bäume des ehemaligen Schloßgartens noch zu sehen. Das Gebiet der ehemaligen Burg wird als flächenhaftes Naturdenkmal geschützt und ist ein beliebtes Wanderziel der Wildunger Bürger und Gäste.

Unter der Registriernummer 55503 hat das hessische Finanzministerium in Darmstadt am 3. September 1906 die »1 Eiche« bei Gießen-Rödgen (am Bergwald neben dem Grillplatz) als Naturdenkmal unter staatlichen Schutz gestellt (Foto Seite 173 oben und Tafel). Der riesige Baum ist 700 bis 800 Jahre alt, 19 m hoch, mit einem Umfang von 630 cm.

Die »Dicke Eiche« bei Waldgirmes (am Wällerweg neben dem Waldgottesdienstplatz) dürfte 800–1000 Jahre alt sein (Foto Seite 172). An dem bizarr gestalteten Baumrecken, der nur noch einen einzigen grünen Seitenast besitzt, laufen nicht weniger als sieben Waldwege zusammen. Die Höhe der Eiche beträgt 24 m, ihr Umfang 700 cm. Die Friedhofslinde in Mengeringhausen (Stadtteil von Arolsen) ist mit 780 cm noch um einiges beleibter (Foto links). Die Krone der alten Linde wurde mehrfach vom Blitz getroffen, die Borke des Baumes dadurch tief gefurcht. Es wird vermutet, daß die Linde, über deren Geschichte nichts bekannt ist, bei oder kurz nach der Stadtgründung vor 750 Jahren gepflanzt wurde.
In der Gemarkung Altenkirchen des Forstamtes Biebertal wird der Festplatz »Auf der Affenhoyer« eingerahmt von fünf Winterlinden, deren Stammumfänge zwischen 600 und 850 cm liegen. Die 200–300 Jahre alten Bäume wurden einst in 3 m Höhe geköpft, erreichten aber – sozusagen im zweiten Anlauf – mit 24 m eine ansehnliche Gesamthöhe.

Auf 400–500 Jahre wird die 26 m hohe Kahlenberg-Eiche bei Jesberg geschätzt (Foto rechts). Der Baum – auch als Dicke Eiche bekannt – hat zwar nur einen Kronendurchmesser von 10 m, jedoch einen Stammumfang von 710 cm. Vom Eichelche bei Greifenstein (Foto unten) hat man einen herrlichen Blick auf die alte Burg Greifenstein. Die ca. 400jährige Eiche hat eine 18 m breite, tief angesetzte Krone, einen Stammumfang von 555 cm und eine Höhe von 18 m.

Bizarr und urig ist das Erscheinungsbild der alten Eiche auf der Hohr bei Mornshausen (Stadt Gladenbach). Die etwa 500 Jahre alte Traubeneiche am Waldsportplatz wird in respektablem Abstand flankiert von etwa 120jährigen Vertretern derselben Art.

Vogelsberg

Der Vogelsberg bildet das geographische Zentrum Hessens. Im Tertiär durchdrangen gewaltige Eruptionsmassen das Buntsandsteinmassiv, flossen steil nach Westen und wesentlich sanfter nach Osten und Süden ab, so daß das Mittelgebirge von Ferne wie ein großer Buckel wirkt. Flächenmäßig entstand hier die größte Basaltmasse Europas. Ehemals war dieses Land vollkommen von Wald bedeckt – in den unteren Lagen Eichen-Buchen-Mischwälder, in den höheren Lagen Buchen-, Ahorn-, Lindenwälder. Um 1000 begannen die Rodungen und drängten den Wald erheblich zurück. Noch deutlich ist heute die Differenzierung zu erkennen. Im Oberwald, also über 600 Meter Seehöhe mit dem Hoherodskopf (764 m), der Herchenhainer Höhe (730 m), dem Bielstein (667 m) und dem Taufstein (773 m), dem höchsten Berg des Vogelsberges, entspringen 16 Bäche, die sich zum Teil tief eingegraben haben. In dieser Region herrscht Weidewirtschaft vor. Die Wälder wurden vielfach nach starken Verwüstungen der Laubholzbestände in Fichten umgewandelt, einige Linden- und Bergahornvorkommen blieben erhalten und liefern neben gutem Holz

Der Vogelsberg steigt im Osten flach an und fällt im Westen steiler ab. Strahlenförmig führen die überaus zahlreichen Täler ihre Bäche und Flüßchen nach allen Seiten.

begehrtes Saatgut. Im Unterwald überwiegt der Ackerbau, der auf den charakteristischen Terrassen mit ihren vielen Hecken und Steinwällen betrieben wird. Die Wälder haben vielfach einen artenreichen Laubbaumcharakter, aber auch sehr wüchsige Fichten sind anzutreffen. So stellt sich der Vogelsberg als eine vielgestaltige, abwechslungsreiche Landschaft dar, die heute von Erholungssuchenden gerne durchwandert wird. Bezeichnenderweise ist der Vogelsberg auch der älteste Naturpark Hessens und der zweitälteste in der Bundesrepublik. Malerische Städte mit alter Tradition wie Alsfeld, Lauterbach, Schlitz oder Schotten sind in diese urwüchsige Landschaft eingebettet.

Wenn auch in unmittelbarer Nähe des Naturparks »Hoher Vogelsberg« keine großen Städte liegen, so ist er doch für die Bewohner einer Reihe größerer Städte wie Fulda, Gießen, Hanau und Marburg sowie für die Erholungsuchenden des Ballungsraumes Rhein-Main leicht zu erreichen. Für viele ist der Naturpark weniger als eine Stunde weit entfernt.

Riesensequoien bei Schotten

Die Sequoien stehen im Läunsbachkamp der Revierförsterei Schotten.

Die ca. 90 Jahre alten Mammutbäume haben trotz der ungewohnten Klimaverhältnisse mit 35 m stattliche Größen und Umfänge bis zu 665 cm erreicht. Das Stadtwappen von Schotten geht auch auf den Vogelsberg zurück.

Die Schottener Mammutbäume wurden von dem Förster Schott im Frühjahr 1900 zur Geburt seines Sohnes gepflanzt. Er hatte die Jungpflanzen aus dem botanischen Garten in Gießen mitgebracht. Die ursprüngliche Anzucht kann auf den Oberförster Walther, Leiter des damaligen Forstamtes Griesheim bei Darmstadt, zurückgeführt werden, der Samen aus der Heimat dieser Bäume von C. A. Purpus erhielt und gute Anwuchserfolge melden konnte. Purpus soll die Samen aus höheren Lagen der Sierra gesammelt haben. Dies erklärt auch, daß die Sequoien das rauhe Klima in Schotten – 1928/29 Tiefsttemperatur –23,6° C oder 1941/42 –24,4° C – überstancen haben. Herkünfte aus den Tieflagen sind in Deutschland meist frostgefährdet.

Die Schottener Mammutbäume am Läunsbachkamp wurden von dem Förster Schott im Frühjahr 1900 zur Geburt seines Sohnes gepflanzt. Obwohl noch nicht einmal 90 Jahre alt, ist einer der vier Bäume mit 35 Meter Höhe und einem Umfang von 665 Zentimeter sowie mehr als 40 Festmeter Holz wahrscheinlich der stärkste Baum des ganzen Vogelsberges.

Neben den Bäumen bietet die Stadt Schotten weitere Anziehungspunkte; die obige Abbildung zeigt den Flügelaltar der Stadtkirche (um 1375 entstanden).

Linde in Deckenbach

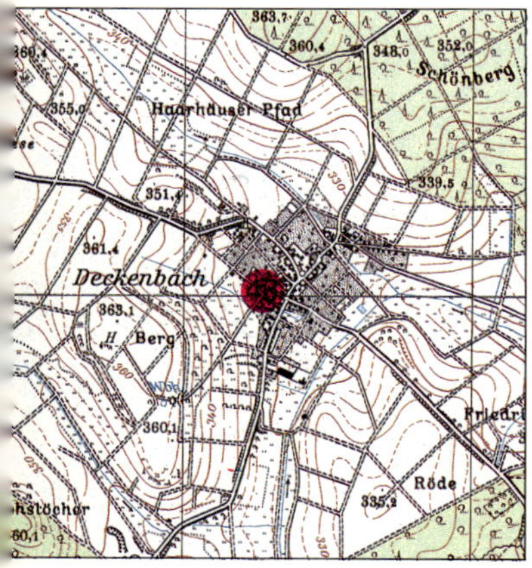

Der Baum steht an der früheren Kirche in Deckenbach, einem Ortsteil der Stadt Hamberg.

Im Schatten der 410 Jahre alten Linde läßt es sich gut verweilen. Mit 480 cm Umfang und einer Höhe von rund 15 m ist der Baumveteran eine markante Erscheinung.

Zur Zeit der Dorfgründung soll die Linde gepflanzt worden sein und neben der Dorfkirche gestanden haben. Deckenbach wurde erstmalig 1325 in dem Bericht über einen Grenzbegang urkundlich erwähnt, dürfte demnach also wesentlich älter sein. Im Jahre 1574 wurde das erste Kirchlein gebaut, auf dem gleichen Platz, wo heute noch die Linde steht. Sein Abbruch erfolgte 1788, um die heutige Kirche im Zentrum des Dorfes zu begründen. Nach Stärke und Ausformung des Stammes ist anzunehmen, daß die Linde etwa das Alter der ersten Kirche hat, also rund 410 Jahre hier steht. 1961 ist der Wipfel in 4 Meter Höhe voll ausgebrochen. Die Winterlinde hat sich im Laufe der Jahre regeneriert und treibt eine Fülle junger Sprosse, so daß die Krone wie eine junge Linde aussieht, die auf einem alten Baumstamm steht, ein Beispiel für die hohe Regenerationsfähigkeit der Linden.

Linden vor der Kirche in Ruhlkirchen

Zur Zeit des Kirchenbaus, zwischen 1821 und 1825, wurden die beiden Winterlinden unmittelbar vor dem Portal des Gotteshauses gepflanzt. Einer der beiden Bäume wurde vor ein paar Jahren wegen Stammfäule auf 12 Meter Höhe zurückgeschnitten. Ihr Umfang beträgt 400 und 350 Zentimeter.

Direkt am Portal der Kirche von Ruhlkirchen stehen die beiden mächtigen Winterlinden.

Linde im Schloßgarten der Burg Homberg

Links vor dem Haupteingang der Burganlage steht dieses Naturdenkmal.

Die Krone der alten Linde wurde im Jahre 1925 durch einen orkanartigen Sturm voll gebrochen. Aus dem Stumpf haben sich die Äste wieder neu regeneriert, so daß aus dem alten Stamm in etwa 6 Meter Höhe eine Fülle neuer Triebe emporragen, die einen wesentlich jüngeren und sehr vitalen Eindruck machen. Der Stamm ist innen hohl, ganz stark wulstig und mit Formen und Gesichtern belegt. Es scheint so, als seien viele Einzelstämme zusammengewachsen, jedoch dürften sie alle gemeinsam aus dem alten Wurzelstock kommen. Auch nach innen im Hohlraum hat sich wieder Rinde gebildet, einzelne Triebe wachsen aus dem alten Baumstumpf heraus. Die Linde paßt zu der alten Burg voll abwechslungsreicher Geschichte. Über die Bauzeit der Burg bestehen keine gesicherten Angaben. Die ältesten steinernen Bauteile auf dem Homberger Schloßberg werden in das späte 12. oder das frühe 13. Jahrhundert eingeordnet. Möglicherweise war der Berg bereits früher bewohnt und befestigt. In einer Federzeichnung um das Jahr 1591 wird das Burgtor von dem Laubwerk der mächtigen mehrhundertjährigen Linde verdeckt. Sollte die Linde in dem ersten Bauabschnitt gepflanzt oder gesät worden sein, so müßte sie auf etwa 800 Jahre geschätzt werden. Der Vergleich des Stammes und der Rinde mit ihren Ausformungen zu bekannten alten Linden lassen ein noch höheres Alter vermuten.

Auf mindestens 800 Jahre schätzt man das Alter dieser Winterlinde. Zum historischen Standort (unten das Wappen von Homberg) passen die eindrucksvollen Daten: 21 m Höhe; 9 m Baumumfang; 22 m Kronendurchmesser.

Graf-Karl-Eiche bei Gettenbach

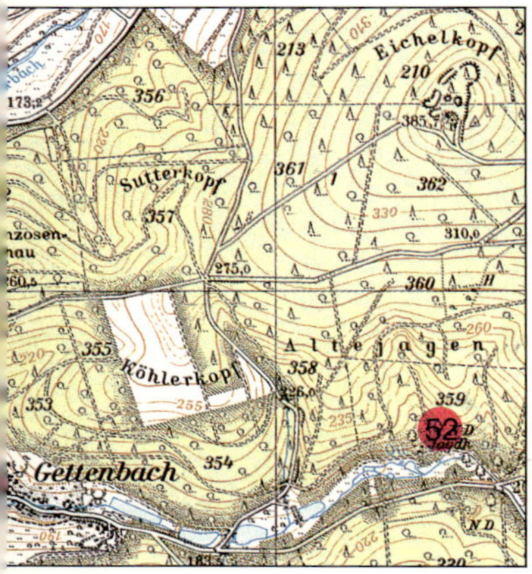

Im sogenannten »Schulgrund« der Gemarkung Gettenbach steht die stark mit Efeu bewachsene Eiche.

Die Graf-Karl-Eiche bei Gettenbach, ein Ort, der bereits 1252 als Dienstsitz eines der adligen Förster des Büdinger Waldes genannt ist, steht an der Stelle, wo im Mittelalter bis zum Dreißigjährigen Krieg eine Glashütte und später eine Eisenschmelze betrieben wurde. Sie ist ein Bestandteil oder unmittelbare Nachfolgerin der Eichenhaine, die Forstmeister A.U. von Burghausen angelegt hatte. Sie hat sicherlich die im 17. Jahrhundert stattgefundene holländische Eicheneinschlagsperiode im Büdinger Wald überlebt. Sie steht heute noch in einer Formation von Eichenreihenpflanzungen, die einerseits das wertvolle Bauholz und andererseits die hochgeschätzte Mast für Wild und Schweineeintrieb, nicht zuletzt jedoch auch den Graswuchs für die im Mittelalter bis in die Neuzeit hin unabdingliche Waldweide möglich machte. Die Stallfütterung war noch nicht erfunden, als sie ihre »große Zeit« hatte. Ihr imposantes Wachstum und der exponierte Standort im Schulgrund – inmitten des gräflichen Hirschrevieres – war wohl auch der Grund dafür, daß sie Kulisse eines Denkmals für Graf Karl zu Ysenburg und Büdingen wurde, der hier seinen letzten Hirsch schoß. Graf Karl zu Ysenburg und Büdingen aus Meerholz (1819–1900) war ein passionierter Jäger und Heger. Er war einer jener Männer der »Ersten Stunde«, die als hessische Abgeordnete im Vorparlament des Jahres 1848 in Frankfurt/Main saßen.

Zu Recht wurde der 27 m hohe Baum-Veteran zum Naturdenkmal bestimmt. Die Eiche wird auf ca. 350 Jahre geschätzt und hat einen Umfang von 540 cm (Durchmesser der Krone: 20 m). Eine Gedenktafel erinnert an den Grafen Karl von Ysenburg-Meerholz.

Graf Karl von Ysenburg-Meerholz, der in dem Waldtal häufig jagte, war ein passionierter Jäger und Heger. Dem hessischen Parlament von 1848 gehörte er als Abgeordneter an.

»
Warum erfüllen uns Gräser, eine Wiese, eine Tanne, mit so reiner Lust? Weil wir da Lebendiges vor uns sehen, das nur von außen her zerstört werden kann, nicht durch sich selbst. Der Baum wird nie an gebrochenem Herzen sterben und das Gras nie seinen Verstand verlieren. Von außen droht ihnen jede mögliche Gefahr, von innen her aber sind sie gefeit. Sie fallen sich nicht selbst in den Rücken wie der Mensch mit seinem Geist und ersparen uns damit das wiederholte Schauspiel unseres eigenen zweideutigen Lebens.
«

Christian Morgenstern aus »Aphorismen und Sprüchen«

Freiherr-von-Bibra-Eiche bei Romrod

Die Eiche steht an der B 49 und gehört zum Forstgebiet Romrod (Forstamt Romrod; Abt. 201 C).

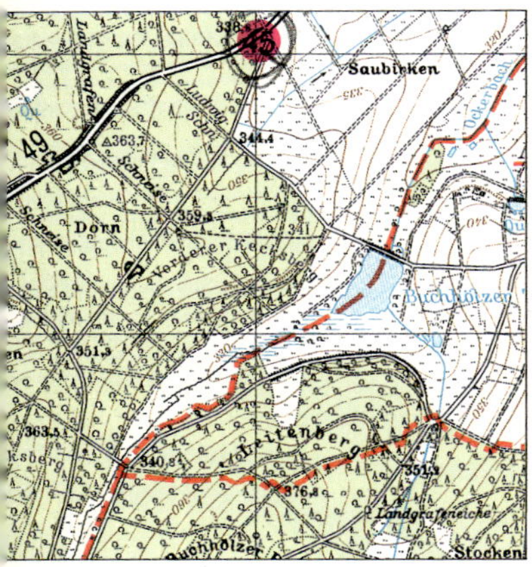

Die Eiche – ein knorriger, schräg gestellter Baum mit wulstigen Aststummeln – wurde Berthold Frhr. von Bibra im Jahre 1878 gewidmet. Er war als Oberlandjägermeister des Großherzogs von Hessen-Darmstadt für die Jagd im Vogelsberg verantwortlich und lebte im Schloß Romrod. Sein Vater, Christian Ernst von Bibra (1772–1844) war ebenfalls in Romrod als Wirklicher Geheimer Kammerherr tätig.

Das Alter der Freiherr-von-Bibra-Eiche schätzen Fachleute auf rund 300 Jahre. Die gemessene Höhe (22 m) und der Umfang (420 cm) ergeben mit dem Kronendurchmesser (16 m) eindrucksvolle Werte. Das Stadtwappen von Romrod geht in seinen Ursprüngen bis ins 16. Jahrhundert zurück.

Friedhofslinden in Arnshain

Vor etwa 250 Jahren wurden die beiden 36 Meter hohen Winterlinden bei der Anlage des Friedhofes gepflanzt. Sie haben einen Kronendurchmesser von 18 Meter bei einem Umfang vcn 360 beziehungsweise 425 Zentimeter.

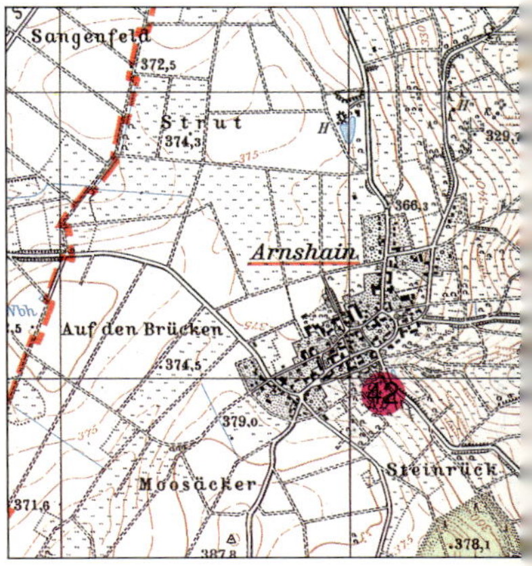

Beide Linden stehen am Friedhof in Arnshain (Gemarkung Kirtorf-Arnshain). Naturdenkmal!

Bonifatius-Linde in Oberrod

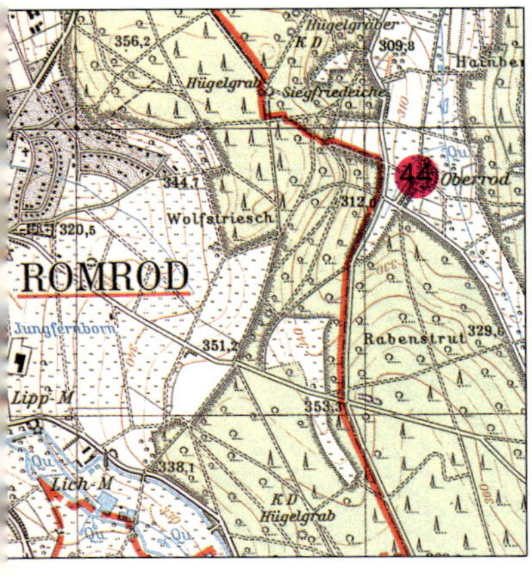

Dieses eindrucksvolle Naturmonument steht am Friedhof Oberrod der Gemarkung Liederbach.

Die Sommerlinde ist mit ca. 1250 Jahren ein ungewöhnlicher Baumveteran Imposante Maße (19 m Höhe; Umfang 1080 cm [!]; Durchmesser der Krone 17 m), eine herrliche Lage und die alten Grabsteine machen die besondere Ausstrahlung dieses Baumes aus.

Der Hügel, auf dem die Kapelle und die Linde stehen, war ursprünglich eine heidnische Kultstätte. Der gegenüberliegende Distrikt wird heute noch Heidenkammer genannt. Bonifatius soll bei seiner Bekehrung der Chatten diese heidnische Stätte zerstört und nach Pflanzung der Linde den Platz als christlichen Versammlungsort geweiht haben. Drei alte Stümpfe, aus denen zahlreiche junge Stämme aufsteigen, sind die letzten Überreste aus jener Zeit und werden umrahmt von alten Linden und Eichen, welche die ansprechende Kapelle und alte Grabsteine auf dem Hügel mit herrlichem Blick zieren.

Linde am alten Friedhof in Ilbeshausen

Mit fast 7 Meter Umfang ist die 300–400 Jahre alte Friedhofslinde in der Gemarkung Ilbeshausen eine der beeindruckendsten Baumpersönlichkeiten im gesamten Vogelsberggebiet. Bei einer Höhe von 18 Meter hat sie einen Kronendurchmesser von 12 Meter.

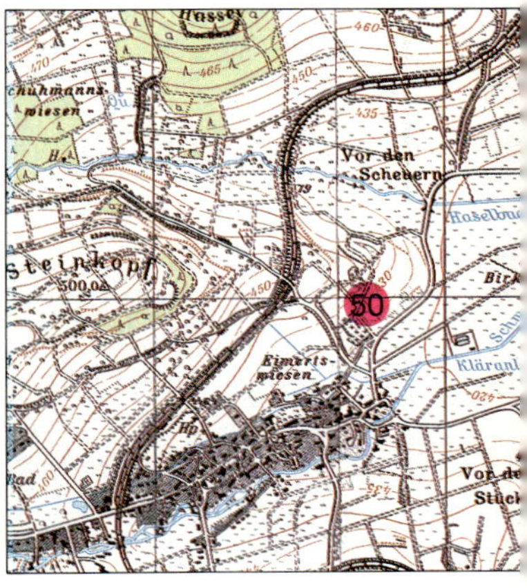

Die Linde mit der bizarren Form steht »Vor dem alten Berg« in Ilbeshausen.

Zwiefalter-Linden

Die Bäume gehören zum Forstamt Schotten (Revierförsterei Eichelsachsen) und stehen in der »Zwiefalterschneise«.

Die Linden stehen an der Schneise zum Jagdschloß Zwiefalten und sind Reste einer alten Lindenallee, die das Schloß mit dem Wald verband. Der Landgraf Ernst Ludwig ließ 1723 das Jagdschloß an der großen Handels- und Heerstraße von Frankfurt nach Fulda errichten und verlegte mit seinem zahlreichen Gefolge seinen Jagdsitz nach Zwiefalten. Auch sein Sohn Ludwig VIII. bejagte von hier aus den Vogelsberg. Die Bewohner der umliegenden Dörfer wurden in erheblichem Umfange zu Jagd-, Spann- und Handdiensten verpflichtet, so daß viele abwanderten. Um 1770 gab Ludwig IX. den Hofjagdbetrieb auf, 1829 wurde das Schloß für 2345 Gulden versteigert und steht seit 1866 im Besitz der Familie Fischer. Alte Bäume umgeben das Schloß.

Beide Linden (10 und 15 m hoch) sind rund 200 Jahre alt und gelten als Naturdenkmal. Die Bäume sind innen hohl und haben einen Umfang von 350 beziehungsweise 400 cm.

Dorflinden bei Michelbach

Von den ehemals fünf Bäumen sind heute nur noch vier erhalten. Bei der Dorfgründung vor rund 400 Jahren haben die fünf Gründerfamilien die Linden im Abstand von 100 Metern gepflanzt.

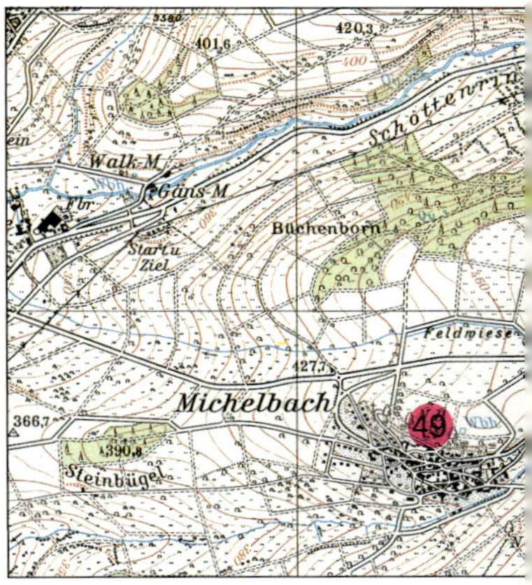

Dieses Naturdenkmal besteht aus vier Bäumen, die »Über dem Dorf«, so die örtliche Bezeichnung, bei Michelbach zu finden sind.

Die Heidwieseneiche bei Wahlen (oben) steht in ausgeräumt-freier Landschaft und gibt der Bezeichnung Naturdenkmal nachdrückliche Bedeutung. Das Alter beträgt 200–300 Jahre. Bei einer Höhe von 14 m hat die Eiche einen Umfang von 300 cm. Die Hirscheiche bei Felda (links unten) gehört zum Forstamt Romrod, Revierförsterei Ober-Breitenbach (Abt. 245) und ist 300–400 Jahre alt, 16 m hoch und hat einen Umfang von 420 cm. Die Eiche an der Wolfsmühle in Herbstein (unten rechts) ist ebenfalls als Naturdenkmal geschützt, 300 Jahre alt, 25 m hoch, Umfang 450 cm und war ein alter Hutebaum.

Die Zigeunereiche am Hopfgarten (links oben) steht auf einer Wiese neben der B 254 an der Abzweigung nach Hopfgarten. An einer Waldschneise in Vadenrod findet man die Bischofseiche (unten). Auch die Eulersbacheiche bei Hergersdorf (großes Bild) gibt eindrucksvoll Zeugnis von mächtigen Bäumen im Bereich Vogelsberg.

Linde am Friedhof Lanzenhain (links und rechts oben): Alter ca. 300 Jahre; Höhe 25 m; Umfang 540 cm; Kronendurchmesser 18 m.

Wartturmlinden bei Grünberg (unten): Alter 150–200 Jahre; Höhe 20 m; Umfang 120 cm; Kronendurchmesser 10 m. Die Linden umgeben einen mittelalterlichen Wachturm, der zur Sicherung des Stadtvorfeldes diente.

Das Gemälde von Langner zeigt an dieser Stelle nochmals die Graf-Karl-Eiche bei Gettenbach. Deutlich ist am Fuß des Baumes die Gedenktafel, die an den Grafen Karl von Ysenburg-Meerholz erinnert, zu sehen.

Taunus – Rheingau

Aus der Rhein-Main-Ebene und dem engen Rheintal steigt steil und mächtig der Taunus auf, ein Mittelgebirge mit einer weiten Schieferhochfläche, Bergkuppen und tief eingeschnittenen Tälern. Der westliche Teil dieses Gebirges, dem Rheinverlauf von Ost nach West folgend, trägt den Namen Rheingau und wird durch die Kombination Wein, Wasser und Wald geprägt. – Der Vordertaunus, im Süden gelegen, ist das Naherholungsgebiet der Bevölkerung des Raumes Wiesbaden, Mainz und Frankfurt. Die hier zutage tretenden Quellen, auch Thermalquellen, werden seit altersher für Badekuren genutzt. Der Hochtaunus mit dem Großen Feldberg (880 m), dem Kleinen Feldberg (826 m) und dem Altkönig (789 m) stellt sich mit seinen ausgedehnten Wäldern als ein guterschlossenes Erholungsgebiet während aller Jahreszeiten, insbesondere auch im Winter, dar. Der Hintertaunus ist eine reich gegliederte, von zahlreichen Tälern durchzogene Berg- und Hügellandschaft mit eindrucksvollen, abwechslungsreichen, immer stark bewaldeten Landschaftsbildern. Die Naturparks Hochtaunus und Rhein-Taunus bieten ein reichhaltiges Angebot an Natur- und Landschaftserlebnissen, Nah- und Fernerholung und auch an historischen Sehenswürdigkeiten. Der Taunus-Rheingau ist ein altes Siedlungsgebiet, insbesondere in den klimatisch begünstigten Randzonen. Vorchristliche Siedlungen der Kelten und Ringwälle auf den Bergen wie dem Altkönig oder Kellerskopf sind Zeugen germanischer Aktivitäten. Die Römer haben zwei Jahrhunderte lang große Teile des Gebietes beherrscht, durch Schneisen, Holzpalisadenzäune, Gräben und Wälle – dem Limes – sich vor den Germanen geschützt und Türme und Kastelle gebaut. Nahe dem auf der ost-westlichen Kammlinie des Hochtaunus verlaufenden Limes ist das Römerkastell Saalburg anschaulich rekonstruiert. Im Rheingau stellt das »Gebück« einen aus Buche, Hainbuche und Dornsträuchern verflochtenen Wall – das lebende Gegenstück zu dem Römerlimes dar.

Der Waldcharakter wird durch die Mischung der Baumarten geprägt. An den Hängen und im Hügelland überwiegen Eichen- und Buchenwälder, die Höhenlagen wurden vielfach mit Fichten aufgeforstet. Laub- und Nadelwald halten sich etwa die Waage.

Zedern am Landgrafenschloß Bad Homburg

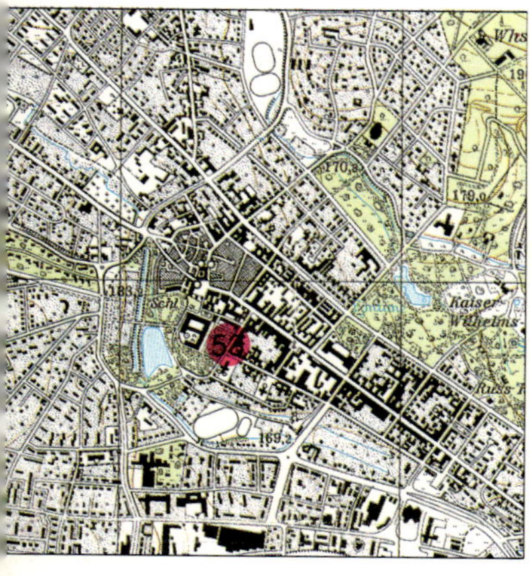

Das Landgrafenschloß mit seinen mächtigen, dekorativen Bäumen ist in Bad Homburg leicht zu finden.

Im Jahre 1818 wurden 16 Zedern in Töpfen von dem berühmten Kew Garden in London nach Bad Homburg verschenkt. Zwölf von ihnen kamen im Englischen Garten zur Auspflanzung, wo sie erfroren. Zwei weitere im Gustavgarten, von denen eine überlebte, die restlichen beiden wurden in Kübel gepflanzt. 1822 erhielten sie ihren Platz vor den Fenstern des Fürsten, wo sie heute noch in ihrer Schönheit bewundert werden können.

Die beiden Libanon-Zedern haben eine Höhe von 23 m und einen Stammumfang von 600 cm erreicht und sind aufgrund der genauen geschichtlichen Aufzeichnungen exakt 166 Jahre alt.

Niederstedter Friedhofslinde

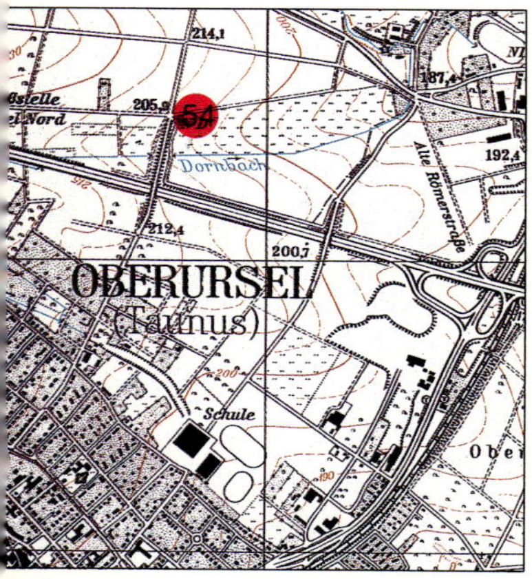

Das Naturdenkmal »Friedhofslinde« ist in Bad Homburg an der Urseler Straße/Einmündung Niederstedter Weg zu finden.

Der Baum ist wahrscheinlich wesentlich älter als die angenommenen 600 Jahre, wie es eine aufgestellte Tafel vor der Linde beschreibt. Als Dorflinde galt sie in früherer Zeit nicht nur als Ort der Gerichtsbarkeit, sondern diente auch als Treffpunkt für Versammlungen und Festgelage.

Die Winterlinde ist der letzte Überlebende des Dorfes Niederstedten, das 1263 urkundlich erwähnt und im Schmalkaldischen Religionskrieg 1546/47 zerstört und nicht mehr aufgebaut wurde. In einer Darstellung um 1600 sind nur die Kirche und eine alte Linde zu erkennen. Die Linde war eine Gerichtslinde, unter der in der Zeit des intakten Dorfes, aber auch später bis 1828 die Niederstedter ihr Gericht abhielten. Gleichzeitig war sie auch als Dorflinde Versammlungs- und Festort des Dorfes.

Der Baum ist in voller Höhe hohl, teilweise wie ein Schiffskiel ausgefurcht, im unteren Teil stark verwachsen und ausgebuchtet als Folge neuer Triebbildungen. Die Winterlinde zeigt ein außerordentlich starkes Regenerationsvermögen. Lianengleich wachsen Triebe von der Wurzel durch den Hohlraum in den Kronenbereich. Eine sehr interessante Wuchsform.

DORFLINDE
wurde im
zerstört.
Das Alter der Linde
wird auf 500 Jahre geschätzt.
NATURDENKMAL

Streit-Eiche bei Bad Homburg

Die Streit-Eiche steht am Lindenweg (Forstamt Bad Homburg, 200 m südlich Pkt. 392,4) bei Bad Homburg.

Die Streit-Eiche steht auf der Grenze zwischen der Mark Hardt und der Hohen Mark. Es dürfte ein typischer Grenz- und Markierungsbaum gewesen sein, deshalb wahrscheinlich auch der Name »Streit-Eiche«. Die Mark wurde 1823 aufgeteilt. Damals muß diese Traubeneiche schon sehr stark gewesen sein, so daß die Altersannahme von 400–500 Jahren durchaus zutreffen dürfte. Der Erdstamm ist stark mit kräftigen Beulen besetzt, aus denen teilweise Wasserreiser wieder herauswachsen. In 6 Meter Höhe teilt sich die Krone in starke Hauptäste auf, die sich gut nach allen Seiten verzweigen. Interessant an dem Baum ist der kräftige und in Stamm und Ästen immer stark geschwungene Wuchs.

400–500 Jahre alt ist die Eiche, die in früheren Zeiten ein Markierungsbaum gewesen sein muß. Mit einer jetzigen Höhe von 25 m und einem Umfang von 520 cm ist diese Traubeneiche ein besonders stattliches Exemplar.

Bäume im Wildpark »Tiergarten Weilburg«

Schon um 1590 hielt Graf Albrecht von Nassau und Saarbrücken in Weilburg in einem Gatter »Dähnenwild«, heute Damwild genannt, das er von Breda aus Holland bezogen hatte. Der genaue Standort dieses Gatters ist nicht bekannt. In den Jahren 1685–1688 ließ Graf Johann Ernst von Nassau-Weilburg 6 Kilometer östlich der Stadt Weilburg ein Wald- und Wiesengelände mit einem Holzplankenzaun einfrieden und als Tiergarten anlegen. Einige Jahre später wurde der Tiergarten etwas verkleinert und der Plankenzaun durch die noch heute bestehende Mauer ersetzt. Die Länge der Mauer beträgt 3800 Meter, die Fläche innerhalb der Mauer 92 Hektar, davon 17 Hektar Wiesen. An der Stelle des Revierförstergehöftes stand bis 1916 ein in den Jahren 1732–1736 von Fürst Karl August erbautes Jagd- und Lusthaus. – Der Tiergarten, in dem wohl nur Damwild gehalten wurde, diente den Regenten und den Hofgesellschaften für Jagden und Festlichkeiten etwa bis zur Verlegung des Hofes von Weilburg nach Wiesbaden im Jahre 1816. Aber auch in den folgenden 150 Jahren sorgten immer eine sehr intensive Bewirtschaftung und Pflege für die Erhaltung der besonders reizvollen Landschaft mit den jetzt rund 400jährigen Alteichen und einem nach Alter und Baumarten abwechslungsreich aufgebauten Hochwald. Der Tiergarten beherbergt neben vielen Wildtierarten eine Fülle alter Bäume, vor allem Eichen, Buchen und Lärchen.

Die abgebildete, ca. 300 Jahre alte Eiche steht 200 m oberhalb des Fohlenstallweihers im Wildpark. Die Pflanzung dürfte bei der Anlage des Tiergartens erfolgt sein. Höhe 25 m, Umfang 500 cm, Krone 25 m.

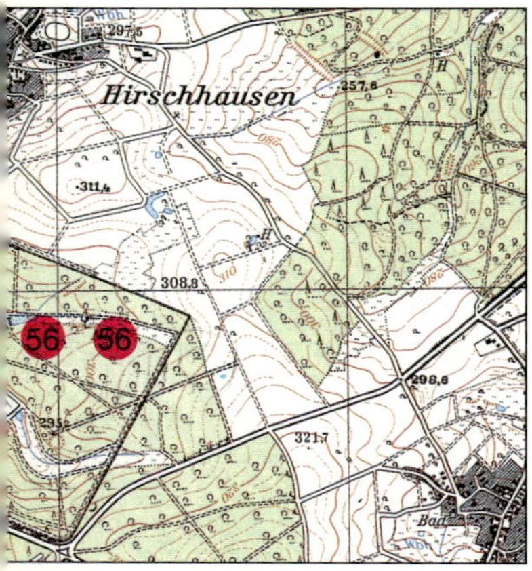

Neben dem Besuch des vielseitigen Wildparks bietet sich natürlich auch ein Abstecher zum Weilburger Schloß (unten) an.

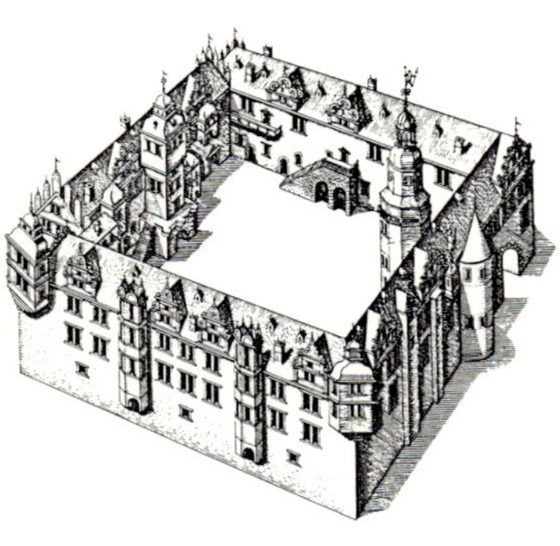

Das Gebück im Rheingau

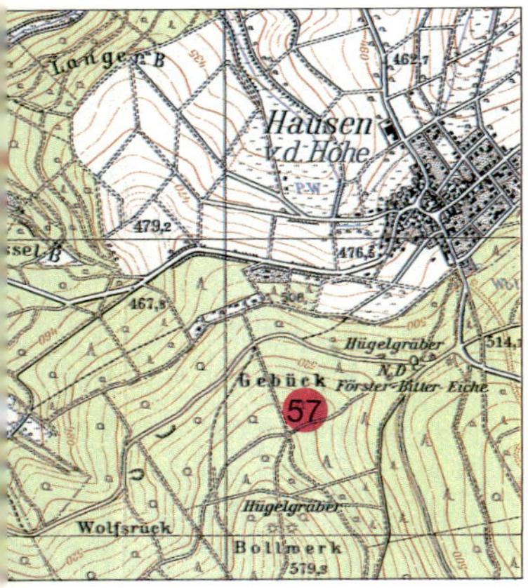

Reste des ehemaligen »Gebücks« finden sich im Forstamt Eltville.

Der bizarr verflochtene und mitunter unheimlich wirkende Verhau war schon immer Vorbild und »Modell« von Gemälden bzw. von Malern.

Zum Schutz des Kurmainzer Rheingaues wurde das Gebiet ab dem 11. Jahrhundert gegen Angriffe aus dem Taunus durch das »Gebück« geschützt. Dies war ein 50 Schritte tiefer Verhau, der aus Buchen und Hainbuchen bestand. Die Bäume wurden von Jugend an gebogen, gebrochen und ineinander verflochten. Zwischen diesem Gebüsch siedelten sich Brombeeren, Himbeeren und Dornsträucher an, so daß die Hecke undurchdringbar wurde. Das Gebück bedurfte einer ständigen, zeitaufwendigen Pflege. – An einigen wenigen Stellen war diese natürliche Landwehr mit Durchlässen für Kaufleute und Reisende unterbrochen, die durch Schanzen, Bollwerke oder Pforten gesichert und bewacht waren, zum Beispiel die Mappener Schanze. Dieses Bollwerk wurde nie erstürmt, selbst von den mit Artillerie bewaffneten Schweden im Dreißigjährigen Krieg nicht. Nach diesem Krieg verfiel es langsam, da die Feuerwaffen eine andere Kriegführung begünstigten. Heute stehen im Forstamt Eltville noch einige sehenswerte Reste des alten »Gebücks«, zum Beispiel in Abt. 236, durch Hinweisschilder gekennzeichnet. An der Mappener Schanze hat das Forstamt vor wenigen Jahren eine Neuanlage des Gebücks zu Demonstrationszwecken angepflanzt und verflochten.

Der Ausschnitt aus einer Karte von Johann Jacob Stettner, Amsterdam 1708, zeigt die Territorialverhältnisse im westlichen Taunusgebiet im 17. Jahrhundert.

Der Spessart

Das Wappen des Spessart-Natur-Parks stellt mehr als nur ein Symbol für die natürliche Erhaltung dieses Lebensraums dar. Fauna und Flora dieses Parks bieten auch den Menschen gesundes Klima und Erholung.

Der Spessart ist das Eichenland Hessens. Große zusammenhängende Wälder mit Eichen und Buchen, aber auch mit Fichten und Kiefern beherrschen das Mittelgebirge, das bis 567 Meter ansteigt. Am wertvollsten sind jedoch die Eichen, vor allem die alten Bestände, die bis zu 250 Jahre gepflegt werden, ehe sie sich wieder verjüngen können. – Geprägt wird dieses Waldgebiet durch die lieblichen Täler der kleinen Flüsse wie Bieber, Orb und Jossa und die das Wuchsgebiet abgrenzende Kinzig. Die Buntsandsteinverwitterung bringt meist keine guten Böden hervor, Basalt und Kalk sind nicht häufig vertreten. – Mächtige Burgen zeugen von alten Geschlechtern, dem Staufenkaiser Barbarossa, der in Gelnhausen residierte, bis zu den Herren von

Hutten. Die Verbindung Wald und Wasser spiegelt sich in den Badeorten im Spessart wider – Bad Orb und Bad Soden Salmünster –, die von vielen Luftkurorten umgeben sind. Der vielgestaltige Naturpark Hessischer Spessart mit seinen Wäldern, Wiesen, Äckern und Flüßchen ist heute ein beliebtes Erholungsgebiet in ansprechend schöner Landschaft.

Staufenkaiser Barbarossa residierte in Gelnhausen und dürfte auch zu seiner Zeit von der Pracht und der Ausstrahlung des Spessart fasziniert gewesen sein.

Der Buchenlindwurm im Schloßpark Meerholz

Unterhalb des Schlosses steht am Fuße des Abhanges der Buchen-Lindwurm im Schloßpark Meerholz (Gemarkung Gelnhausen-Meerholz).

Die Buche schwebt mit ihrem starken Stamm auf 20 Meter Länge horizontal über dem Erdboden, stützt sich auf viele Äste, die nicht gerade, sondern wimmerig geschwungen sind. Andere Äste steigen auf und senken sich wieder unregelmäßig ab und verzweigen sich wild, so daß die Buche wie eine bizarre Form eines langsam dahinkriechenden Lindwurms erscheint. – Wenn man alte Buchenbestände betrachtet, dann fallen die unterschiedlichen Stammformen ins Auge, kerzengerade bis stark gebogen oder gezwieselt. Die Süntelbuche geht schon in die Trauerform über, wobei kein Ast mehr gerade zu wachsen vermag. Der Meerholzer Lindwurm ist so gesteuert, daß der Stamm sich nicht mehr voll aufrichtet und seine Äste, zum Teil stammförmig ausgebildet, sich nach allen Seiten, mehr oder weniger stark gebogen und geschwungen, unterschiedlich kraftvoll ausbreiten. Die Buche dürfte aus der Zeit der Parkgestaltung stammen, die Graf Karl mit Kenntnis und Enthusiasmus seit 1832 betrieb. Während seiner Regierungszeit (1832 bis 1900) wurde der Schloßpark im englischen Stil mit vielen interessanten Baum- und Strauchpflanzungen geschaffen. Die Buche dürfte also maximal 160 Jahre alt sein und war vor 40 Jahren noch eine Trauerform, die entweder von der Last der überhängenden Wipfel oder/und vom Sturm zu Boden gedrückt wurde. – Der Park, einst von den Grafen Ysenburg-Meerholz als dendrologische Sehenswürdigkeit im englischen Stil gepflegt, beherbergt immer noch wertvolle Bäume.

Im Schloßpark finden sich neben dem Lindwurm Blut- und Trauerbuchen, Gingkos, Mammutbäume, Götter- und Geweihbäume und Koniferen. Unten: Wappen von Meerholz.

Linde in der Wasserburg Burgjoß

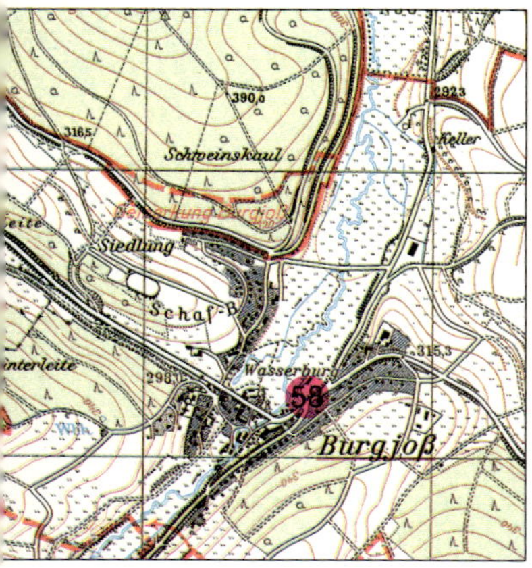

Die Linde steht im Schloßhof von Burgjoß. Die Burganlage gehört zur Gemeinde Joßgrund.

Mit einer Höhe von 18 m und einem Alter, das zwi-schen 120 und 150 Jahre angesiedelt sein dürfte, komplettiert diese Winterlinde den harmonischen Gesamteindruck der Burg (siehe auch nächste Doppelseite).

Das Herrenhaus, das 1573 beim Umbau der Burganlage durch Daniel Brendel von Homburg im Auftrag des Kurfürsten von Mainz entstand, beherbergt das Hessische Forstamt Joßgrund. Älteste Teile des Gemäuers sind auf das 9. Jahrhundert zurückzuführen. Im 12. Jahrhundert errichteten die Herren von Jazaha (Jossa) die Wasserburg an der Joß. Burgjoß wird erstmals 850 im Güterverzeichnis des Klosters Fulda erwähnt. Es wurde zu drei Viertel von Fulda und zu einem Viertel von den Herren zu Isenburg erbaut. Mit dem Ort sind die Geschlechter der Herren von Jossa, von Hanau, von Thüngen, von Jülich und von Hutten verbunden. 1814 fiel das Gebiet um Bad Orb an die Krone von Bayern. Nach dem Krieg von 1866 wurde das Amt Orb preußisch, das königliche Forstrevier Burgjoß, ehemals Revierförsterei im Bayerischen Forstamt Orb, bildete den Kern des preußischen Forstamtes Burgjoß, das 1875 eingerichtet worden war. Dieses Amt ging 1945 an das Land Hessen über. Nach 100 Jahren wurde das Forstamt am 1.1.1976 nach dem Namen des Tales in Joßgrund umbenannt.

Märchen-Eiche bei Lohrhaupten

Im Privatwald Gustav Link (Forstamt Biebergemünd, Gemarkung Lohrhaupten), steht die Märchen-Eiche.

Knorriger Stamm mit vielen Beulen, Wucherungen und Verwachsungen, innen hohl, in 6 Meter Höhe abgebrochen – beides wahrscheinlich durch Blitzschlag entstanden. Unregelmäßige Wasserreiser, alte Äste wirken häufig wie Wasserspeier von Burgzinnen. Möglicherweise hat der Wimmerwuchs den Baum überleben lassen, weil sein Holz nicht spaltbar und daher verwertbar war.

Die Malerin schrieb: »Ich bin hineingekrochen in diese alte, ausgehöhlte Eiche, habe mich hingegeben an dieses braune zerklüftete Innenleben und fühlte mich einbezogen in die Jahrhunderte ihres Lebens und Sterbens. Ein Schauer erfaßte mich, als ich den holzgewordenen Atem der Eiche berührte. In dem engen Raum voller Wunder der Formen habe ich mich gedreht und gedreht, fühlte mich emporgehoben bis in den Eichenhimmel, in den sie mit ihren sterbenden Ästen fingert. – Mich hat eine Eiche umarmt.«

Eleonora Heine-Jundi

Die Traubeneiche dürfte zwischen 400 und 500 Jahre alt sein. Auch die übrigen Daten der Baumgestalt sind eindrucksvoll: Höhe 20 m, Kronendurchmesser 14 m, Umfang 565 cm.

Dieser etwa 400 Jahre alte Bergahorn steht im Forstamt Schlüchtern (Abt. 70 B), Gemarkung Sarrod. Seine Höhe beträgt 36 m, sein Umfang 443 cm. Seine Krone hat einen Durchmesser von 25 m. Der mit Wucherungen, knorrigen Auswüchsen und alten Narben übersäte Stamm bietet eine Fülle verschiedener Betrachtungsweisen.

Im Feld an einer alten Handelsstraße, stehen die 400–500 Jahre alten, 27 m hohen, mit Stammumfängen von über 500 cm, Kreuzeleichen (Abb. oben Mitte). Hier stand früher auch ein Bildstock, an dem die Kauf- und Fuhrleute ihre Gebete sprachen. Die dicke Eiche am Lärchenplan (Abb. unten links) wird auf ebenfalls 400–500 Jahre festgelegt. Ihre stattliche Höhe von 21 m und der Stammumfang von über 6 m machen aus diesem Baum mehr als einen markanten Punkt im Forstamt Biebergemünd (Abt. 30). Die Bergahorn-Urmutter bei Sarrod (Abb. rechts oben und unten sowie gegenüberliegende Seite) herrscht mit ihren 36 m Höhe über die umgebenden Ahorn-Nachkommen.

Die Malerin Eleonora Heine-Jundi über den Bergahorn bei Sarrod:

»*Abends habe ich ihn noch einmal aufgesucht, wollte ihn umschleichen wie einen Schlafenden und seine Träume belauschen.*
In der dunklen Runde des Waldes war es ganz still.
Ich lehnte an seinem Stamm, schaute an ihm hoch, und mir schien, als wollte er mit seinen obersten Zweigen nach den glitzernden Sternen greifen.
Da kannte ich seinen Traum und verstand sein Streben in die Höhe.
Ich streichelte ihm die schuppige Rinde und verließ ihn leise – wie ein Bruder.«

Eleonora Heine-Jundi

Rhein-Main-Ebene und Wetterau

Von Mannheim über Darmstadt, mit Frankfurt als Mittelpunkt, bis hin nach Mainz–Wiesbaden erstreckt sich ein Industrie- und Gewerbeband, das von vielen Autobahnen durchschnitten ist. Mehr als tausend Menschen wohnen hier auf einem Quadratkilometer, im Landesdurchschnitt 263 Einwohner. Erstaunlich und erfreulich, daß es noch alte Bäume in diesem Raum gibt.

Rhein-Main-Ebene und Wetterau sind das älteste Siedlungsland Hessens. Die Römer sicherten die Ostgrenze durch den Limes ab, brachten Landwirtschaft und Weinbau zur Blüte, bauten Straßen und Festungen. Viele Völkerscharen durchzogen das Rhein- und Maintal, hinterließen Zeugnisse ihrer Lebensformen und Kulturen und prägten Landschaft und Lebensraum. Von den Hunnen über die Nibelungen zu den Karolingern und Staufern bis hin zu modernen Wirtschaftszentren finden sich Zeugnisse reicher Aktivitäten. Burgen und Schlösser, umgeben von Wäldern und Parks mit mächtigen Bäumen, erzählen von längst vergangenen Zeiten, so die Starkenburg, das Auerbacher Schloß, das Fürstenlager mit seinen Baumexoten, die Klöster in Lorsch und Seligenstadt, das Jagdschloß Kranichstein oder die Burgen der Wetterau – Münzenberg, Glauburg, Friedberg und Ronneburg. – Vom mächtigen Rhein einst in ganzer Breite beherrscht, dehnt sich das fruchtbare, von der Sonne verwöhnte Land der Rheinebene im Südwesten Deutschlands. Heute hat der Mensch den Fluß gebändigt, dafür aber viel an Natur verloren. Nur noch Reste des ursprünglichen Auewaldes, der vom Wechsel der Fluten und seinen Ablagerungen lebt, begleiten den Flußlauf. Wertvolle großflächige Naturschutzgebiete, meist von Altrheinarmen durchflossen, lassen die Vitalität und Vielfalt dieses Auewaldes erkennen, der in Flora und Fauna mit Abstand den biologisch wertvollsten Waldtyp Hessens darstellt: Lampertheimer Altrhein (525 Hektar), Steinerwald (100 Hektar), Kühkopf-Knoblochsaue (2369 Hektar). Vegetationskundlich herrscht der zentrale Eichen-Mischwald und der randliche Eichen-Mischwald vor. Heute werden die Wälder auf grundwassernahen Standorten als Eichen-Laub-Mischwald und auf grundwasserfernen überwiegend als Kiefern-Buchen-Wälder bewirtschaftet. Hohe Jahres- und Vegetationszeittemperaturen und geringe Niederschläge bestimmen das Wachstum von Wild- und Kulturpflanzen. – Die Mainebene besitzt ähnliche Standortbedingungen, ist aber geologisch abwechslungsreicher und wird von wärmeliebenden, meist anspruchsarmen Wäldern, vor allem Kiefern-Buchenwäldern geprägt. Hier wachsen die besten Tieflandkiefern Hessens. Die Wetterau ist das fruchtbarste Gebiet Hessens – eine von mächtigen Lößlehmdecken geprägte, klimatisch begünstigte Tiefebene, die aufgrund der guten Bodenzahlen weitgehend durch landwirtschaftliche Hochleistungsformen genutzt wird. Die wenigen Waldflächen in der sonst baum- und strauchlosen Ebene tragen sehr wüchsige Buchenbestände, die im Alter Höhen von über 40 Meter erreichen können.

Burgen und Schlösser, umgeben von Wäldern und Parks mit mächtigen Bäumen, erzählen von längst vergangenen Zeiten, vom Volksstrom, der das Rhein- und Maintal durchzog und Landschaft und Lebensraum prägte.

Klipstein-Eiche

Die Eiche wurde am 28. Mai 1846 dem großherzoglichen Forstdirektor Philipp Engel von Klipstein (1777–1866) zu seinem 50jährigen Dienstjubiläum gewidmet. Wegen seiner Verdienste wurde er in den Adelsstand erhoben; unter der Eiche befindet sich sein Grab.

Die ca. 600jährige Eiche mit einem Kronendurchmesser von 26 m steht im Forstamt Darmstadt, Abt. 35, Am Traisaer Radweg. Siehe auch Abb. Seite 237.

Alt-Eichen im Mönchsbruch

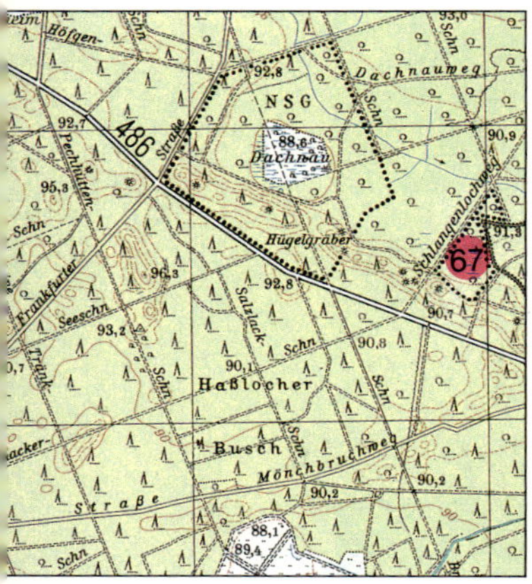

Die Alt-Eichen im Mönchsbruch stehen im Forstamt Mörfelden-Walldorf (Abt. 196), 50 m westlich der Schneise unterhalb des Dammes.

Gewaltige Stämme, sprichwörtlich knorrig, mit tiefrissiger Borke, vielen Beulen und Gesichtern, starkastige Kronen, weit ausladend, einige Äste hohl und voller Spechtlöcher. Der Damm, auf dem eine der Eichen steht, wurde 1580–1608 gebaut. Es ist anzunehmen, daß die Eichel auf dem Rohboden nach der Aufschüttung ohne Konkurrenz keimen konnte, daher die Alterseinschätzung von ca. 380 Jahren. Der Name »Mönchsbruch« geht auf Anfang des 13. Jahrhunderts zurück, wo das Waldgebiet von Waro vom Münzenberger Geschlecht an das Kloster Eberbach verschenkt wurde. Die Mönche gaben dem Sumpfgebiet ihren Namen. Im Jahre 1608 kam das Gebiet in den Besitz des Landgrafen Ludwig V.. 1715 wurde das Jagdschloß Mönchbruch errichtet. In einem Nebengebäude wurde die Oberförsterei untergebracht. Das wildreiche Waldgebiet wurde von den Landgrafen in Darmstadt intensiv jagdlich genutzt. Heute noch gilt es als Hessens größtes und bestes Damwildgebiet.

Die Baumgruppen »Alt-Eichen im Mönchsbruch« besteht aus sieben Alteichen, zwei abgestorbenen Eichen und einer Rotbuche. Die mächtigste der Eichen hat einen Kronendurchmesser von 28 m, einen Umfang von 685 cm und eine Höhe von 30 m. Das Alter dieses Baumes wird auf 380 Jahre geschätzt.

Der Name »Mönchsbruch« geht auf Anfang des 13. Jahrhunderts zurück, als das Waldgebiet von Waro vom Münzenberger Geschlecht an das Kloster Eberbach verschenkt wurde. Die Mönche gaben dem Sumpfgebiet ihren Namen (siehe auch nächste Doppelseite).

Mammutbäume im Fürstenlager

Im Fürstenlager bei Auerbach sind die Mammutbäume – Sequoia dendron giganteum – von besonderem Interesse. Einer der etwa 120jährigen Riesen im Bereich der Herrenwiese soll mit seinen 48 Meter Deutschlands höchstes Exemplar dieser Gattung sein.

Das Fürstenlager bei Auerbach an der Bergstraße stellt mit seiner Größe von 25 ha ein besonders schönes Beispiel für einen in die natürliche Landschaft eingepaßten Naturpark dar.

Schöne Eiche bei Harreshausen

Die Schöne Eiche steht in einer Baum- und Strauchgruppe, bestehend aus einer jungen Eiche, fünf Linden und einer Hecke aus Flieder und Weißdorn, östlich von Harreshausen (Flurname: Die neue Weide).

Die Schöne Eiche bei Harreshausen ist von der Gestalt eine der eigentümlichsten Baumpersönlichkeiten. Der Kronendurchmesser beträgt an der Basis 9 m, der Umfang des Stamms beläuft sich auf 384 cm, die Höhe des Baumes liegt bei 19 m. In 8 m Höhe ist die Krone abgebrochen, zahlreiche Äste richten sich dadurch auf.

Die Eiche ist eine dendrologische Kostbarkeit. Viele Wissenschaftler, Forstleute und Botaniker haben sich ihr gewidmet und ihre Lebensgeschichte gut aufgeklärt. Es handelt sich um eine Knospenmutation der Stieleiche, schon allein erkenntlich daraus, daß in der Krone nach Norden ein Zweig in die Normalform rückmutierte, die der Graf von Hanau um 1700 von seinem Oberförster abschießen ließ. Sie wuchs in den urwüchsigen Eichen-/Buchenwäldern der Rhein-Mainebene unerkannt auf. Um 1740 wurde sie für die Öffentlichkeit entdeckt und freigeschlagen. Später wurde der Wald für Weideland gerodet, die schöne Eiche blieb allein in der Flur stehen. Nach allen Untersuchungen kann es als sicher gelten, daß alle in Zentral- und Nordeuropa kultivierten Pyramiden-Eichen von ihr ursprünglich ausgegangen sind, teils durch vegetative Vermehrung oder auch als Sämlinge verbreitet. Der Botaniker Borkhausen hat zahlreiche Samenlieferungen zu Ende des 18. Jahrhunderts in viele europäische Staaten versandt, und Fürstenhäuser verwendeten Pflanzen als fürstliche Geschenke, insbesondere die hessischen Landgrafen in Kassel. Im Jahre 1781 wurde der Baum zum erstenmal beschrieben, 1789 diente er als Titelkupfer für das Forstarchiv, 1824 kam er in das Gardeners Chronicle. Die »Schöne Eiche« bei Harreshausen ist heute also rund 550 Jahre alt. Sie war damals 18 Meter hoch, früher etwa 30 Meter, und hatte einen Umfang von 345 cm.

Landgrafen-Eiche und Dragoner-Eichen

Die Landgrafen-Eiche wurde nach dem Landgrafen Ludwig VIII. (1691–1768) benannt, ein passionierter Jäger, der aus einem gemauerten Jagdschirm heraus Hirsch und Sauen mit Windbüchsen jagte.
Die Dragoner-Eichen sind zwei knorrige, stark geschwungene Eichen, die sich wie Zwillinge oder ein Liebespaar ineinander verschlungen haben.
Alter 470 Jahre, Höhe 31 Meter, Umfang 510 Zentimeter, Kronendurchmesser 17 Meter.

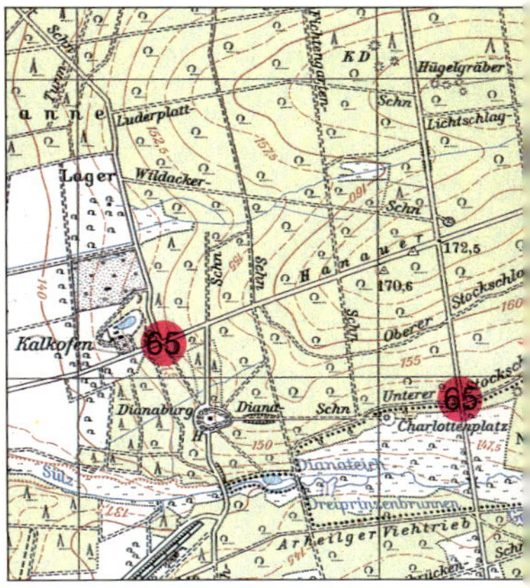

Die Dragoner-Eichen findet man an der Hanauer Straße, östlich dem ehemaligen Forsthaus Kalkofen. Die Landgrafen-Eiche ist in der Speyerhügelschneise am unteren Stockausschlag zu finden.

Speierling in Seligenstadt

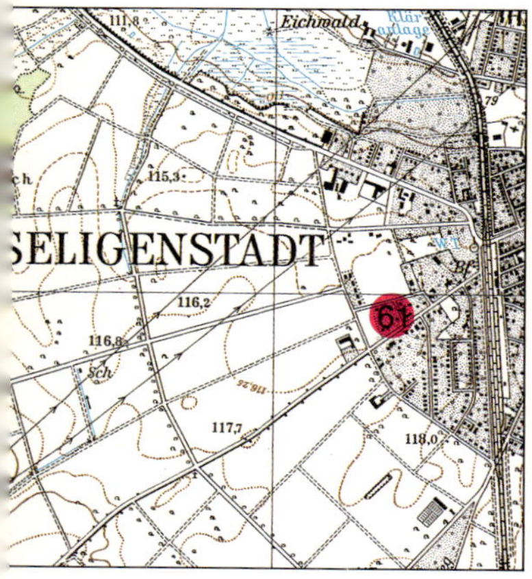

Ursprünglich lag der Streuobstbestand im Außenbezirk von Seligenstadt. Heute liegt er integriert in bebautem Gebiet in der Rodgaustraße.

Rest eines alten Streuobstbestandes. Der Speierling wurde zur Herstellung des Apfelweins wegen seines prägnanten Geschmacks und seiner Säure sehr geschätzt. Die Stadt Seligenstadt hat sich in dieses Obstbaugebiet ausgedehnt. Der alte Baum wurde vom Bauherrn erhalten und weiträumig mit Wohnhäusern im Landhausstil umbaut.

Der Kronendurchmesser des Speierlings (Foto links und rechts) beträgt 18 m, sein Alter beläuft sich auf 150 Jahre. Mit 16 m Höhe und einem Umfang von 276 cm wirkt diese Baumpersönlichkeit imposant und ist besonders sehenswert. Abbildung oben: Stadtwappen von Seligenstadt.

Sänger-Buche und Holtzmann-Eiche

Die »Sänger-Buche« ist ein nicht mehr voll belaubter, knorriger alter Baum, dessen Äste absterben. Der Baum ist 29 Meter hoch, sein Kronendurchmesser beträgt 15 Meter.
Die »Dr.-Ernst-Holtzmann-Eiche« wurde dem ehemaligen Landtagsabgeordneten und Vorsitzenden der Schutzgemeinschaft Deutscher Wald gewidmet.

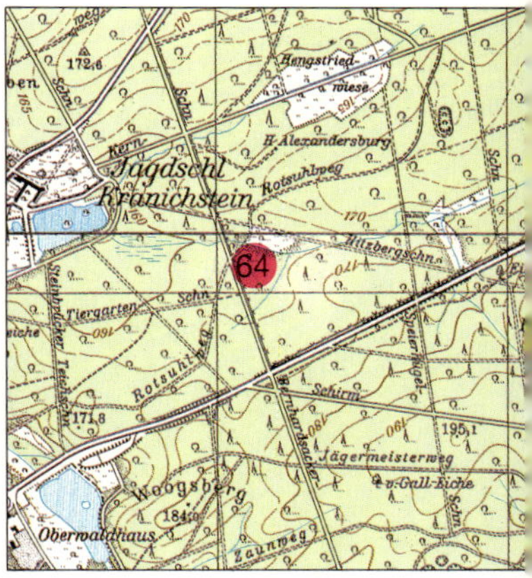

In der Gemarkung Wixhausen, 50 m westlich der B 3, südlich der Olenbergschneise, steht die Sänger-Buche. Die 330jährige Dr.-Ernst-Holtzmann-Eiche findet man am Gatter des Wildparks, östlich der Bernhardsackerschneise im Forstamt Darmstadt (Abt. 608).

Zentlinde in Jugenheim

Das Zentgericht von Jugenheim ist durch Gerichtsprotokolle seit 1399 belegt. Der 1366 nachgewiesene Galgen läßt auf frühere Entstehung bis hin zur fränkischen Zeit schließen. Von Anfang an lag der Gerichtsplatz unter der alten Zent- oder Gerichtslinde auf dem Heiligenberg oberhalb Jugenheim neben der Klosterkapelle, die als Ruine vor der Linde erhalten ist. In der zweiten Hälfte des 16. Jahrhunderts wurde der Gerichtsplatz aufgegeben. Die gemauerten Schöffensessel waren noch um 1800 erhalten. Die Zentlinde wurde erstmals 1447 erwähnt und muß damals schon ein großer auffälliger Baum gewesen sein. Da eine genaue Altersbestimmung an dem hohlen Baum nicht möglich ist, darf nach dem historischen Hintergrund auf ein Alter von mindestens 800 Jahren geschlossen werden, möglicherweise aber auch noch älter. Sie ist damit zu den ältesten Linden Deutschlands zu rechnen.

Zwischen Klosterruine und Mausoleum steht am Heiligenberg die mehr als 800 Jahre alte Zentlinde. Der 12 m hohe Baum hat einen Umfang von 6 m.

*❞Bei meiner ersten Begegnung mit diesem
uralten Baum fand ich den Gedanken
vermessen, fast ein Jahrtausend mit meinen
Zeichenstrichen zusammenzuraffen.
Wie nur sollte ich die unendlichen Aussagen ihrer
zeitgeprägten Formen einfangen?
Ich habe lange bei ihr gesessen,
still, selbstvergessen und hingegeben.*

*Licht träufelte durch das Laubwerk ihrer
schütteren Krone,
huschte durch die Furchen ihres
greisen Gesichtes, und
leuchtete in die Geschichte der Linde.*

*Da erkannte ich in meiner Betrachtung, daß
die geronnene Zeit vor mir stand.❝*

Eleonora Heine-Jundi

Die Zigeunereiche bei Götzenhain ist ein knorriger, breiter, rundkroniger Baum mit einem Alter von mehr als 300 Jahren. Der Kronendurchmesser beträgt 21 m. Die Stieleiche steht im Forstamt Langen (Abt. 4) am Waldrand Gemarkung Götzenhain.

Der Siebengeschwisterbaum (Abb. links oben) ist ein bizarr gewachsener Einzelbaum, der sich kurz über dem Boden in sechs Stämme aufteilt. Der Baum steht in der Gemarkung Dornheim an dem Weg von Dornheim zur Gaststätte Jägersruh vor dem Heissfeldwald. Das Alter der Luthereiche (Abb. links unten) wird auf 100 Jahre geschätzt. Sie ist eine sehr dicht belaubte, gesunde Pyramideneiche, eine Nachzucht der »Schönen Eiche bei Harreshausen«. Der Standort des Baumes ist Babenhausen auf dem Marktplatz vor dem Stadtkern. Die Dragonereichen (Abb. rechts unten) sind nach dem Leibregiment der Dragoner benannt, das von hier aus in das in der Nähe gelegene Übungsgelände ausrückte.

Die Linde »Freigerichtsstuhl bei Kaichen« (Abb. rechts) steht in der Gemarkung Niddatal, Ortsteil Kaichen. Das Freigericht wurde erstmals 1293 urkundlich erwähnt. An der Straße Seeheim–Pfungstadt (Forstamt Seeheim-Jugenheim, Abt. 16) liegt der Standort der Pfungstädter Süntelbuche (Abb. links unten). Süntelbuchen wurden auch Schlangenbuchen genannt, da sich ihre Hauptäste aufteilen, die schlängelnd nach außen wachsen und dadurch der Baumkrone das Aussehen eines Baldachins geben.
An der Blechschneise, gegenüber des Odenwaldclubheims (Forstamt Groß-Gerau, Abt. 344 a), stehen mit weit ausladenden Kronen und wild verzweigten Ästen die Körnerlinden (Abb. rechts unten).

Die »Dicke Tanne bei Dudenhofen« (Abb. links in der Mitte) ist eine 350jährige Fichte im Forstamt Seligenstadt, Gemarkung Dudenhofen (Abt. 21, Opel-Prüfgelände). Hinter dem Außendamm am Rhein bei Nordheim ist der Standort der »Eiche am Audamm«, einem mächtigen Baum mit voller Krone (Abb. links). Unter der Sänger-Buche (Abb. unten) legte der Wixhäuser Gesangverein am 22. Mai 1884 einen Festplatz an. Der knorrige alte Baum ist eine der ältesten Buchen des Starkenburger Raumes. Er steht im Forstamt Darmstadt, Abt. 724 A, 50 m westlich der B 3.

Der Odenwald

Großflächige Baumbestände mit eingestreuten landwirtschaftlichen Nutzflächen prägen das abwechslungsreiche Landschaftsbild des Odenwaldes. Mit seinen weiträumigen, artenreichen Laub- und Mischwaldbeständen hat der Odenwald für den naturverbundenen Menschen einen hohen Freizeitwert.

Von der Rheinebene nach Osten über die Bergstraße erhebt sich der Odenwald (altdeutsch odi, was soviel bedeutet wie unbesiedelter Wald), der einst bevorzugtes Jagdgebiet der Nibelungen war. Im westlichen und südlichen Teil wurde das Gebiet durch das Kloster Lorsch beherrscht und besiedelt, das Karl der Große 773 zum Lehnsherrn über diesen Odenwaldteil ernannt hatte. Der Osten wurde durch das Kloster Amorbach geprägt. An den West- und Südhängen wird das Mittelgebirge von vielen alten Burgen gekrönt, Zeichen früherer Kulturen, wie der Frankenstein bei Darmstadt, das Auerbacher Schloß, die Starkenburg, das Erbacher Schloß, die Feste Otzberg, Burg Hirschhorn oder Neckarsteinach mit seinen vier Burgen. – Geologisch ist der Odenwald nicht einheitlich. Der vordere Odenwald, etwa nordwestlich der Linie Heidelberg – Aschaffenburg, wird von Urgesteinen geprägt. Granit, Diorit, Granodiorit und im Norden Rotliegendes erzeugen nährstoffreiche Böden, die landwirtschaftlich genutzt werden oder artenreiche Laubwälder, vor allem herrliche Buchen, wachsen lassen. Der hintere Odenwald, der wesentlich größere Teil, wird von Buntsandsteinmassiven geprägt. Er beherbergt ärmere landwirtschaftliche Böden und Fichten- und Kiefernwälder mit nicht so wüchsigen Buchen und Eichen. Der Wechsel zwischen Wäldern und landwirtschaftlichen Nutzflächen – in den Tälern Ackerbau, in den höheren Lagen Weiden – gestaltet das abwechslungsreiche Landschaftsbild. Der tief in den Buntsandstein gegrabene Neckar begrenzt im Süden in einem meist engen, aber besonders schönen Tal den Odenwald, der als länderübergreifender Naturpark dem erholungssuchenden Menschen erschlossen wurde, aber auch die ursprüngliche Natur mit vielen Kostbarkeiten wie Felsenmeere, Naturschutzgebiete oder Aussichtspunkte zu bewahren sucht.

Alte Bäume sind lebende Relikte einer vergangenen Zeit, Naturdenkmäler von unschätzbarem Wert. Was die Natur schuf, hat von altersher Menschen veranlaßt, zu schauen und nachzubilden. Künstler – ob Bildhauer, Musiker oder Maler, in jüngster Zeit auch Fotografen – haben es sich zur Aufgabe gemacht, Bäume – Baumpersönlichkeiten – der Öffentlichkeit näherzubringen, eine Aufgabe, die verbunden ist mit dem Anliegen, die Botschaft von der Einzigartigkeit eines jeden Baumes weiterzugeben.

Die Auerbacher Burgkiefer

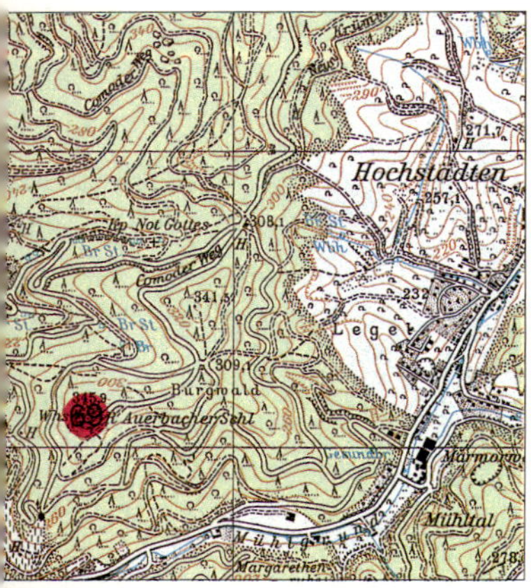

Ein Ausflugsziel besonderer Art: Das Auerbacher Schloß oberhalb Auerbach mit herrlichem Blick über den Odenwald und das Rheintal.

Knorrig, die Krone geformt wie die eines japanischen Bonsaibaumes, steht die Auerbacher Burgkiefer auf dem inneren Burgring des Schlosses. Auf 300 Jahre wird ihr Alter geschätzt – und hat trotzdem nur eine Höhe von 7 m erreicht. Sie kann sich lediglich von dem Erdreich zwischen den Mauern des Wehrganges und den Niederschlägen ernähren.

Das Auerbacher Schloß, oberhalb Auerbach im Odenwald, mit einem herrlichen Blick über das Rheintal, wurde im 13. Jahrhundert von dem Grafen von Katzenellenbogen unter Mainzer Lehenshoheit erbaut. Später dem Landgrafen Hessen zugeeignet, wurde es 1674 von den Franzosen zerstört und danach nicht wieder aufgebaut. Nach einer Restaurierung 1903 bis 1905 – und erneut in jüngster Zeit – macht die Burg heute noch einen wehrhaften Eindruck. Auf dem inneren Burgring steht einsam und allein, hoch über den Burghöfen, eine einzelne Kiefer, die sich nur von dem Erdreich zwischen den beiden Mauern des Wehrganges und durch Tagwasser ernähren kann. Sie hat eine Höhe von 7 Meter, einen Umfang in Brusthöhe von 163 Zentimeter und eine Kronenform und Gestalt, die an japanische Bonsaikulturen erinnern. Auf einem Stich zu Anfang des 19. Jahrhunderts sieht sie genauso aus wie heute. Es ist anzunehmen, daß sie kurz nach der Zerstörung angeflogen ist, dürfte also 250–300 Jahre alt sein. – Die Auerbacher Sage spricht von der jahrhundertealten Kiefer. Einst wohnte auf dem Schloß eine hartherzige, besonders Armen gegenüber abweisende Prinzessin. Zur Strafe wurde sie in eine weiße Schlange verwandelt und samt ihren Schätzen tief unter das Schloß verbannt. Alle siebenmal sieben Jahre erscheint sie als weiße Frau in der Mittagsstunde und kann nur von einem Menschen erlöst werden, der in der Wiege lag, die aus der Kiefer der Schildmauer, die immer wieder nachwächst, gezimmert worden ist.

Kimbacher Eiche bei Bad König

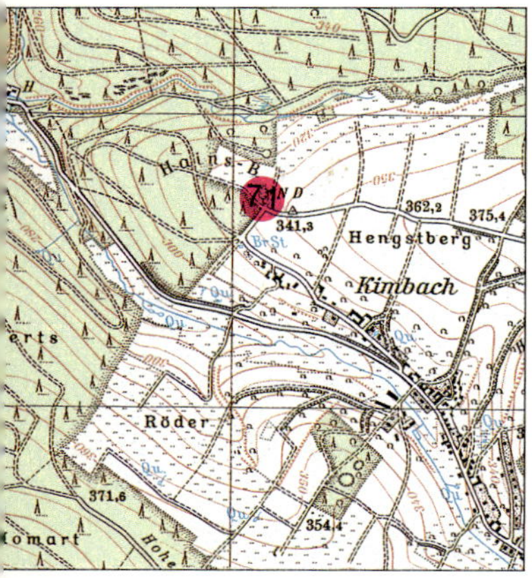

Auf dem Hainsberg, am Weg zum Hainhaus, steht in der Gemarkung Bad König die Kimbacher Eiche.

Das Alter der Eiche wird mit 250–300 Jahren angegeben. Trotz umfangreicher Rodungsarbeiten konnte der inzwischen über 17 m hohe Baum gerettet werden. Als markanter Einzelbaum in der Feldgemarkung ist er ein weithin sichtbares Naturdenkmal.

Die Eiche wird als »der Baum im Odenwald« bezeichnet und auch gekennzeichnet – Schäferchronik 1922 – und soll K. Schäfer, den Dichter des bekannten Volksliedes »Es steht ein Baum im Odenwald«, zu dem Lied angeregt haben. Bestimmt gibt es noch weitere Eichen, die als Baum des Odenwaldes bezeichnet werden. Denn »der waldverbundene Bewohner des Odenwaldes« braucht eben einen »Baum im Odenwald«, um seine Bestimmung zu erfüllen, »die Heimat tief in die Odenwälder zu verwurzeln«. Der Baum stand bis 1922 noch in einem Waldbestand, der für Siedlungszwecke gerodet werden mußte. Der Odenwaldklub setzte zusammen mit dem Forstamt durch, daß der Baum auch in der Feldgemarkung stehenblieb und unter Naturschutz gestellt wurde. Sechzig Jahre steht er nun allein in Sturm, Regen und Sonne.

Einen herzlichen Dank
all denen, die sich um alte Bäume bemühen, sie schützen und pflegen und ihre Persönlichkeit den Menschen nahebringen. Viele Naturfreunde haben mir bei diesem Buch geholfen – Bäume ausgewählt oder benannt, ihrer Geschichte nachgespürt, Legenden gesammelt, fotografiert, gemalt oder gezeichnet. Noch heute gehen ständig Vorschläge und Anregungen ein – Beweise, wie sehr die Menschen mit Bäumen verbunden sind.
Mein besonderer Dank gilt den zahlreichen Mitarbeitern der Hessischen Forstverwaltung, die sich sehr engagiert haben, den in den Naturschutzbehörden Tätigen, den Naturschutzverbänden, insbesondere der Schutzgemeinschaft Deutscher Wald und ihrer Jugendorganisation – der Waldjugend, den Waldbesitzern, Kommunen und vielen Einzelpersonen.
Fotografen und Maler haben sich um die Gestaltung der liebenswerten Bäume bemüht, auch junge Künstler, denen ich danken möchte, insbesondere dem Naturfreund Herrn Günther Schumann.
In manchen Gesprächen und Ausarbeitungen konnte ich viele Anregungen erhalten. Danken darf ich besonders Frau Christa Maria Engelhardt und Herrn Professor Dr. Dr. Pralle.
Die umfangreichen Arbeiten wären nicht zeitgerecht bewältigt worden, wenn nicht Frau Erika Münzel und Herr Wolfgang Schmeil sich so unermüdlich eingesetzt hätten. Ihnen meinen persönlichen Dank.
Den Mitarbeitern des Pro Terra Verlages, insbesondere dem Verleger, Herrn Kurt Blüchel, danke ich für die gute Ausgestaltung des Baumbuches.
Mögen alle, die das Buch in die Hand nehmen, Freude an alten Bäumen haben.

Wiesbaden, November 1984 Hans Joachim Fröhlich

Diese Tabelle gibt in einfacher Form eine Hilfe zur Berechnung des Durchmessers eines Baumes.

Umfang	Durchmesser
2,80 m	89 cm
3,20 m	102 cm
3,60 m	115 cm
4,00 m	127 cm
4,40 m	140 cm
4,80 m	153 cm
5,20 m	166 cm
5,60 m	178 cm
6,00 m	191 cm
6,40 m	204 cm
6,80 m	217 cm
7,20 m	229 cm
7,60 m	242 cm
8,00 m	255 cm
8,40 m	268 cm
8,80 m	280 cm
9,20 m	293 cm
9,60 m	306 cm
10,00 m	318 cm
10,40 m	331 cm

»
Bäume haben etwas so Schönes und Anziehendes, auch für die Phantasie, daß, da sie ihren Ort nicht verändern können, sie Zeugen aller Veränderungen sind, die in einer Gegend vorgehen, und da einige ein überaus hohes Alter erreichen, so gleichen sie darin geschichtlichen Monumenten und haben doch ein Leben, sind doch wie wir, entstehend und vergehend. Daß man sie jünger und älter und endlich nach und nach dem Tode zugehend sieht, zieht immer näher und näher an sie an.
«

Wilhelm von Humboldt
»Briefe an eine Freundin«

Bildnachweis

Seite 2/3: Reinhard, 4/5: Schumann, 8/9: Riedmiller, 12/13: Koob, 16/17: Wiegand, 24/25: Reinhard, 27: Naumann, 28/29: Wiegand, 32/33: Riedmiller, 36/37: Wiegand, 40: Snethlage, 41: Snethlage, 42/43: Snethlage, 44: Schumann, 45: Holzenburg, 46: Karner, 47: Snethlage, 48: Schumann, 49: Schumann, 50: Snethlage, 51: Schumann, 52: Schumann, 53: Riedmiller, 54: Snethlage, 56 l.: Snethlage, 56 r.: Karner, 57: Snethlage (4), 58: Schumann, 59: Reinhard, 60/61: Lotze, 62 o.: Holzenburg, 62 u.: Holzenburg, 62/63: Reinhard, 64 l.o.: Holzenburg, 64 u.: Holzenburg, 64/65: Riedmiller, 66/67: Reinhard, 68 l.: Reinhard, 68/69: Reinhard, 69 r.: Holzenburg, 72: Riedmiller, 72/73: Riedmiller, 73: Holzenburg, 74 l.: Holzenburg, 74 r.o.: Schumann, 74 r.u.: Schumann, 74/75: Schumann, 75 o.: Schumann, 75 u.: Schumann, 77: Wiegand, 78: Wiegand, 79: Snethlage, 80: Wiegand, 80 r.: Archiv der deutschen Jugendbewegung, 81: Wiegand, 82: Wiegand, 83: Snethlage, 85: Schumann, 86: Wiegand, 87: Wiegand, 88 o.: Schumann, 88 l.u.: Schumann, 88 r.u.: Schumann, 89: Snethlage, 90: Luftbildfreigabe 5022-1-144/76, 91 l.: Scheller, 91 r.: Riedmiller, 92: Wiegand, 93: Schumann, 94: Riedmiller, 95: Riedmiller, 96: Riedmiller, 97: Schumann, 98/99: Blum, 100: Dingel, 101: Riedmiller, 102: Schumann, 103: Dingel, 104/105: Dingel, 106: Schumann, 107: Schumann, 108: Riedmiller, 109: Riedmiller, 110: Riedmiller, 111: Riedmiller, 112 o.: Wiegand, 112 l.u.: Riedmiller, 112 r. u.: Wiegand, 113 l.o.: Wiegand, 113 r.o.: Wiegand, 113 l.u.: Schumann, 113 r.u.: Riedmiller, 114: Dingel, 115 u.: Snethlage, 116: Luftbildfreigabe 8-111/76, 118: Blum, 119: Schumann, 120/121: Blum, 122: Schmidtborn, 123: Fröhlich, 124/125: Kreuder, 126: Riedmiller, 127: Riedmiller, 128: Riedmiller, 129: Riedmiller, 130: Fröhlich, 131: Fröhlich, 132 l.o.: Kreuder, 132 l.u.: Riedmiller, 132 r.o.: Riedmiller, 132 r.u.: Foto Richter, 133: Riedmiller, 134: Luftbildfreigabe 4717-1-60/81, 136 l.: Kalden, 136 r.: Wothe, 137: Kalden, 138 l.: Heine-Jundi, 138 r.: Heine-Jundi, 139: Heine-Jundi, 140: Heine-Jundi, 140/141: Heine-Jundi, 142: Wiegand, 143: Heine-Jundi, 144/145: Heine-Jundi, 146: Wiegand, 147: Wiegand, 149: Tönges, 150 o.: Tönges, 150 u.: Tönges, 151: Heine-Jundi, 152: Riedmiller, 153: Riedmiller, 154: Riedmiller (3), 155: Riedmiller, 156: Kreuder, 157: Heine-Jundi, 159: Riedmiller, 160/161: Riedmiller, 162/163: Riedmiller (3), 164/165: Heine-Jundi, 166/167: Schumann, 168: Riedmiller, 169: Schumann, 170/171: Riedmiller, 172: Fotofreunde Krofdorf, 173 o.l.: Schwarz, 173 o.r.: Hengst, 174 o.: Riedmiller, 174 u.: Schumann, 174/175: Heine-Jundi, 176: Luftbildfreigabe 3-146/81, 182: Riedmiller, 183: Riedmiller, 184: Riedmiller, 184/185: Riedmiller, 186/187: Riedmiller (2), 188/189: Riedmiller (3), 190: Langner, 190/191: Riedmiller, 192/193: Riedmiller (2), 194/195: Karner (2), 196: Karner, 197: Schumann, 198/199: Riedmiller, 204 o.: Karner, 204 l.u.: Karner, 205: Karner, 205 o.: Karner, 205 r.o.: Holzenburg, 205 u.: Karner, 207: Heine-Jundi, 208: Luftbildfreigabe 5717-1-1634/82, 209: Scheller, 210: Fröhlich, 211: Fröhlich, 212: Riedmiller, 213: Riedmiller, 214/215: Riedmiller (3), 216/217: Fröhlich (4), 218: Fröhlich, 222: Luftbildfreigabe 21-103/81, 225: Schmidt, 226/227: Riedmiller (2), 228/229: Riedmiller, 230/231: Heine-Jundi (3), 232/233: Heine-Jundi (3), 234 l.o.: Fröhlich, 234 r.o.: Heine-Jundi, 234 l.u.: Fröhlich, 234 r.u.: Fröhlich, 235: Heine-Jundi, 236: Luftbildfreigabe 30-120/75, 238/239: Koch (2), 240/241: Riedmiller (3), 242/243: Riedmiller, 244/245: Riedmiller, 246/247: Riedmiller (2), 248: Schumann, 249: Puchert, 250/251: Koch (2), 252: Schumann, 253: Schumann, 254/255: Koch (2), 256/257: Heine-Jundi, 258/259: Heine-Jundi (2), 260 l.o.: Fröhlich, 260 r.o.: Heine-Jundi, 260 l.u.: Fröhlich, 260 r.u.: Fröhlich, 264: Luftbildfreigabe 6318-3-110/76, 265 o.: Schumann, 266: Pahlke, 267: Pahlke, 270: Schumann.

* Luftbildfreigaben: Regierungspräsident Darmstadt

Wir danken den Malern Arabin, Blum, Brosius, Dingel, Heine-Jundi, Holzenburg, Knobel, Langner, Leonhard, Lotze, Naumann, Rocholl, Schmidt, Snethlage, Stockhause und Prof. Zincke für ihre kreative Mitarbeit, mit der sie wesentlich zur künstlerischen Ausgestaltung dieses Bildbandes beigetragen haben.

56
Weilburg
Butzbach
Limburg
W E T T
T A U N U S
55
54
53
FRANKFURT
OFFENBACH
WIESBADEN
Rheingau
57
Rüsselsheim
Babenhause
63
67
64
DARMSTADT
65
66
E4
68
69
70
O D E N
Rhein
Lorch
E12